（本书受湖南警察学院交通安全执法关键技术科研创新团队资助）

道路交通安全过程基础理论与应用

王 岩 著

机械工业出版社

本书首先建立了交通安全过程研究的理论框架。在界定交通安全的概念后，通过引入"主动安全思想"，建立了交通安全 4E 过程，并对过程中每个阶段的输入、输出特性进行了讨论；在此基础上，构建了交通安全过程研究体系框架。其次，应用该过程理论，讨论了城市道路交叉口遭遇（Encounter）阶段的交通冲突问题。交通冲突可分为常规交通冲突和非常规交通冲突两类。在已知交叉口交通冲突点分布以及冲突点交通到达规律的情况下，交叉口的常规交通冲突数可以采用理论计算进行预测。通过对无控交叉口交通冲突理论计算模型进行改进，并应用该模型对交通冲突观察值和理论计算值进行了验证，证明无控交叉口在机动车交通到达服从泊松分布的前提下，机动车交通冲突理论计算值是实际观察值的无偏估计。基于交通冲突计算模型，分析了单个无控十字交叉口在不同交通到达下的交通冲突变化特性。通过采用 UE（用户平衡模型）分配方法和上述冲突计算模型，得出了不同无控路网形式交通走行时间和交通冲突随路网 OD（起讫点）的变化特性和规律。再次，应用安全过程分析理论对交通系统规划中的安全问题进行了探讨，提出了宏观交通安全的四维描述方法，应用主动安全思想，构筑了规划阶段交通安全研究的框架，提出了主动交通安全相关的规划、设计推荐流程，对交通规划与交通安全的关系进行了初步讨论，并给出了两个研究实例。本书适合道路交通安全管理者和交通安全研究人员阅读使用。

图书在版编目（CIP）数据

道路交通安全过程基础理论与应用/王岩著. —北京：机械工业出版社，2020.9（2022.1重印）

ISBN 978-7-111-66816-9

Ⅰ. ①道… Ⅱ. ①王… Ⅲ. ①公路运输 – 交通运输安全 – 安全工程 – 研究 Ⅳ. ①U492.8

中国版本图书馆 CIP 数据核字（2020）第 201544 号

机械工业出版社（北京市百万庄大街22号　邮政编码100037）
策划编辑：孙　鹏　责任编辑：孙　鹏
责任校对：朱继文　封面设计：王　旭
责任印制：常天培
固安县铭成印刷有限公司印刷
2022 年 1 月第 1 版第 2 次印刷
184mm×260mm・9.5 印张・232 千字
801—1 300 册
标准书号：ISBN 978-7-111-66816-9
定价：79.90元

电话服务　　　　　　　　网络服务
客服电话：010-88361066　　机　工　官　网：www.cmpbook.com
　　　　　010-88379833　　机　工　官　博：weibo.com/cmp1952
　　　　　010-68326294　　金　书　网：www.golden-book.com
封底无防伪标均为盗版　机工教育服务网：www.cmpedu.com

作者简介

王岩，男，1974年出生，工学博士，副教授，全国公安系统优秀教师。1995年毕业于陕西师范大学物理系，获理学学士学位，2003年毕业于长沙理工大学，获交通运输规划与管理硕士学位，2009年毕业于同济大学，获交通信息工程及控制博士学位，2016－2017年在美国中佛罗里达大学做访问学者。1995年起在湖南警察学院（原湖南公安高等专科学校）从事道路交通管理教学和研究。现任"国家一流本科专业"湖南警察学院交通管理工程专业带头人，湖南省普通高校青年骨干教师。

长期从事道路交通管理相关教学、科研和实践，主要研究方向为交通管理、交通控制、交通安全、自动驾驶等，具有丰富的教学、科研经验和交通工程实践经验。公开发表学术论文30余篇（其中EI检索两篇），先后主持参与公安部科技局、湖南省公安厅、湖南省教育厅科研项目，并参与各类课题10余项，主编教材2部，作为副主编及参编的教材6部，主持和参与交通管理规划、交通安全规划、综合交通规划、停车设施规划、交通设计、交通控制、ITS等相关领域多个研究课题和工程项目。

主要学术兼职有：湖南省注册咨询专家（湖南省咨询业协会），湖南省道路交通安全咨询专家（湖南省公安厅），湖南省道路运输安全专家组专家（湖南省交通运输厅），湖南省交通工程学会理事兼学术委员会委员，湖南省多个城市交通创模顾问，湖南交通职业技术学院客座教授。

联系方式：

地址：湖南警察学院交通管理系

Email：19117311@qq.com

前言 Preface

道路交通安全是人类社会发展进程中面临的共同问题。WHO 的统计数据表明，全球每年因为道路交通事故造成的伤害超过 5000 万人。因此，对交通安全问题的过程、机理和对策进行深入研究，努力构建一个安全、和谐的交通系统，具有重要的理论价值和现实意义。

本书在总结国内外交通安全相关研究的基础上，基于"主动安全思想"，综合运用系统工程、交通工程、交通冲突等理论方法，围绕道路交通安全过程分析中的理论和方法进行了研究。本书提出了"交通安全过程研究"的理论框架。在界定交通安全的概念后，通过引入"主动安全思想"，建立了交通安全 4E 过程，并对过程中每个阶段的输入、输出特性进行了讨论；在此基础上，构建了交通安全过程研究体系框架。其次，应用该过程理论，讨论了城市道路交叉口遭遇（Encounter）阶段的交通冲突问题。交通冲突可分为常规交通冲突和非常规交通冲突两类。在已知交叉口交通冲突点分布以及冲突点交通到达规律的情况下，交叉口的常规交通冲突数可以采用理论计算进行预测。本书利用冲突预测模型，对小型无控路网交通走行时间和交通冲突随路网 OD（起讫点）的变化规律进行了分析。最后，本书应用"安全过程分析"思想，对交通系统规划中的安全问题进行了探讨，提出宏观交通安全的四维描述方法，应用主动安全思想，构筑了规划阶段交通安全研究的框架，提出了主动交通安全相关的规划、设计推荐流程，对交通规划与交通安全的关系进行了初步讨论，并给出了两个研究实例。

本书主要面向道路交通安全管理者和交通安全研究人员。在撰写书稿的过程中，曾得到多位老师的指点，并参考了诸多国内外文献，多有启发。在此，对各位老师及作者同行表示衷心感谢。

作为一名从事道路交通管理教学研究的专业教师，想借此为道路交通安全工作做出自己的贡献。由于本人水平有限，不足之处在所难免，敬请广大读者和同行批评指正。

2020 年 6 月于湖南长沙

目 录 Contents

前言

第 1 章　绪论

1.1　背景 ·· 1
　　1.1.1　交通安全现实需求 ··· 1
　　1.1.2　现实背景 ··· 1
　　1.1.3　研究理论需求 ·· 2
1.2　研究问题的提出 ··· 3
　　1.2.1　道路交通安全过程 ··· 3
　　1.2.2　研究定位 ··· 4
　　1.2.3　研究问题界定 ·· 4
1.3　研究目的与意义 ··· 4
　　1.3.1　研究目的 ··· 4
　　1.3.2　研究目标 ··· 4
　　1.3.3　理论意义和实用价值 ·· 5
1.4　研究内容与方法 ··· 5
　　1.4.1　技术路线 ··· 5
　　1.4.2　主要研究内容和方法 ·· 5
　　1.4.3　本书章节结构及相互关系 ·· 7
本章参考文献 ·· 8

第 2 章　国内外研究综述

2.1　道路交通安全 ··· 10
　　2.1.1　对道路交通安全的认识 ·· 10
　　2.1.2　道路交通安全研究发展历程 ·· 11
　　2.1.3　道路交通安全系统分析 ·· 11
2.2　道路交通事故及其机理 ··· 13
　　2.2.1　道路交通事故的定义 ·· 13
　　2.2.2　道路交通事故机理 ·· 14
2.3　交通冲突技术 ··· 16
　　2.3.1　交通冲突技术概述 ·· 16
　　2.3.2　交通冲突与交通事故的关系 ·· 16
　　2.3.3　交通冲突预测 ·· 18
2.4　交通系统规划与交通安全 ··· 19

  2.4.1　国外相关研究 · 19
  2.4.2　国内相关研究 · 21
 2.5　以往研究评述及本书研究方向 · 22
  2.5.1　以往研究评述 · 22
  2.5.2　研究方向总结 · 22
 本章参考文献 · 23

第3章　道路交通安全过程分析

 3.1　对道路交通安全的再认识 · 30
  3.1.1　道路交通安全的定义 · 30
  3.1.2　道路交通安全的特性 · 31
 3.2　主动交通安全思想 · 32
  3.2.1　传统交通事故研究方法的缺陷 · 32
  3.2.2　主动安全理念的出现 · 34
  3.2.3　主动交通安全思想 · 34
  3.2.4　主动交通安全的维度 · 35
 3.3　交通安全的时空范围 · 36
  3.3.1　交通活动与时空关系 · 36
  3.3.2　交通安全事件的时间与空间 · 37
 3.4　道路交通安全的4E过程 · 39
  3.4.1　Exposing（暴露）阶段 · 40
  3.4.2　Encounter（遭遇）阶段 · 42
  3.4.3　Evasion（避险）阶段 · 51
  3.4.4　Energy Transfer（能量转移）阶段 · 56
  3.4.5　交通安全4E过程的定量描述 · 57
  3.4.6　交通安全4E过程与传统交通安全理论的区别与联系 · 59
 3.5　道路交通安全过程研究体系框架 · 60
  3.5.1　目标层 · 60
  3.5.2　方法层 · 61
  3.5.3　技术层 · 62
  3.5.4　理论层 · 66
  3.5.5　本书研究重点 · 66
 本章参考文献 · 66

第4章　Encounter阶段：无控交叉口交通冲突模型

 4.1　交叉口交通冲突类型分析 · 68
  4.1.1　交叉口交通事故与交通冲突 · 68
  4.1.2　交叉口常规交通冲突 · 69
  4.1.3　交叉口非常规交通冲突 · 70
  4.1.4　交通冲突的安全改善 · 72

4.2 交叉口理论交通冲突一般计算模型 73
 4.2.1 无控交叉口交通冲突一般计算模型 73
 4.2.2 优先控制冲突点理论交通冲突计算 74
4.3 无控交叉口理论交通冲突计算模型的改进 76
 4.3.1 无控十字交叉口机动车交通冲突计算 76
 4.3.2 无控T形交叉口交通冲突计算 84
 4.3.3 相关参数的讨论 84
4.4 改进后的无控交叉口理论交通冲突模型的验证 88
 4.4.1 交通到达规律检验 88
 4.4.2 交通冲突观测样本 89
 4.4.3 样本相对误差分布检验 91
 4.4.4 相对误差正态总体均值检验 92
 4.4.5 无控交叉口流量与交通冲突数之变化趋势验证 92
本章参考文献 93

第5章 Encounter 阶段：无控交叉口交通分布与交通冲突

5.1 无控十字交叉口交通到达规律与常规交通冲突 95
 5.1.1 交叉口流量分配与交通冲突 95
 5.1.2 交叉口总流量—主次路流量比例—进口道流向全局寻优 99
 5.1.3 结果分析 101
5.2 常见小型无控路网组织形式与常规交通冲突 102
 5.2.1 路网条件和交通输入 102
 5.2.2 交通分配方法 104
 5.2.3 结果分析 105
本章参考文献 107

第6章 城市道路交通系统规划中的安全过程分析

6.1 交通安全的宏观描述 108
 6.1.1 交通事故、暴露与风险 108
 6.1.2 宏观交通安全的二维描述 113
 6.1.3 宏观交通安全的三维描述 113
 6.1.4 宏观交通安全的四维描述 114
6.2 交通规划体系与交通安全过程分析的整合 115
 6.2.1 交通安全规划与规划阶段的交通安全 115
 6.2.2 与交通安全相关的规划、设计和改善流程 116
 6.2.3 面向安全的交通系统规划研究框架 117
6.3 城市道路交通系统规划与交通安全 117
 6.3.1 基本理念 117
 6.3.2 城市总体规划与交通安全 118
 6.3.3 土地利用规划与交通安全 119

  6.3.4 交通发展战略规划与交通安全 …………………………………… 121

  6.3.5 城市道路系统规划与交通安全 …………………………………… 124

 6.4 研究实例 ………………………………………………………………… 134

  6.4.1 研究实例1：Smeed公式在中国的应用 …………………………… 134

  6.4.2 研究实例2：城市战略交通规划与交通安全 ……………………… 138

 本章参考文献 ……………………………………………………………… 140

第7章 结论与展望

 7.1 主要结论 ………………………………………………………………… 142

 7.2 研究展望 ………………………………………………………………… 143

第 1 章
绪　论

1.1　背景

1.1.1　交通安全现实需求

道路交通安全是全人类共同面临的一个重要社会问题。在人们日常接触的所有系统中，道路交通体系是最为复杂和危险的。道路交通安全问题最直观的后果是道路交通事故。交通事故总损失是由大量伤害相对较小的单起交通事故积累而成，因而交通安全问题往往不如诸如战争、飞机失事、火山爆发、煤矿坍塌等罕见事故更加能吸引媒体和公众的注意。实际上，根据世界卫生组织（WHO）的报告，全球每年大约有 120 万人死于道路交通事故，遭受交通伤害的人数更高达 5000 万。更为严峻的是，如果不采取切实有效的措施，预计到 2020 年，全球道路交通事故伤害将上升 65% 左右。

中国是世界上道路交通安全问题最严重的国家之一。随着经济快速增长和城市化进程的加快，我国大部分城市已经开始进入机动化时代，各类交通问题也日渐凸显，其中最突出的就是交通安全问题。根据公安部公布的数据，2018 年全国（不包括港澳台）共发生道路交通事故 244937 起，造成 63194 人死亡，直接财产损失超过 13 亿元人民币。

我国道路交通安全问题主要表现出以下特点：交通事故多发，交通事故造成巨大的人员伤亡、社会损失和经济损失，给交通事故当事人及他们的亲属带来巨大的经济压力和精神打击；交通事故会引发和加剧交通堵塞、交通污染，频繁发生的特大交通事故甚至会成为影响社会和谐的不安定因素。

进入 21 世纪以后，和谐、发展已经成为社会各界的共识。我们应认识到，交通安全是人类社会发展中不可避免将要遇到的问题。为此，我们应正视严峻的道路交通安全形势，对交通安全问题的成因、过程、机理和对策进行深入研究，并采取有效措施，减轻交通事故造成的伤害和损失，保障广大交通参与者的人身安全和财产安全，努力构建一个安全、和谐的交通系统，确保经济可持续发展和社会的和谐稳定。

1.1.2　现实背景

道路交通安全的研究是从人类进入汽车社会后才真正开始的。从那时以来，道路交通安全一直是交通研究领域的重点之一，相关文献和成果数量众多。有一个很简单的方法可以粗略判断对某一个问题或者事物的关注程度：搜索引擎。在谷歌和百度学术搜索网站分别键入搜索词"交通""交通安全""交通事故"进行搜索，返回的中文网页搜索结果见表 1.1（检索时间 2020 – 5 – 31）。

表 1.1 与交通、交通安全、交通事故有关的网页搜索结果

检索词	谷歌	百度学术
交通	1 490 000 000	13 600 000
交通安全	447 000 000	332 000
交通事故	192 000 000	483 000

其中，谷歌的搜索结果是所有互联网中文网页数量，可以视为社会各界（大众媒体、学术界、自媒体、管理部门、企事业单位等）对于搜索关键词的关注度；百度学术的搜索结果是互联网上所有中文研究文献的数量。从上述搜索结果可以反映出以下两个值得思考的地方：

1）社会各界对"交通安全""交通事故"非常关注，其搜索结果达到上亿级别，分别约占总搜索数量的 30% 和 12.8%。然而与"交通安全""交通事故"相关的学术文献数量则仅占所有与"交通"相关研究文献数量的 2.4% 和 3.6%。可见，与社会公众对交通安全的关注相比，对于交通安全的研究并非学术界热门研究方向，或者说远低于公众的关注热度。由于交通安全系统的复杂性、交通事故的随机性，以及统计数据的缺乏，相对交通研究中的其他领域，交通安全研究尚处于比较滞后的状况。

2）从概念范畴上说，交通安全研究是交通研究的一个子集，交通事故研究是交通安全研究的一个子集，如图 1.1 所示。中文网页搜索数量也说明了这一点。然而在研究文献数量上，"交通事故"的文献数量比"交通安全"要多近 1/3。可见，相比"交通事故"研究，学术界对"交通安全"的研究仍显不够充分，"交通事故"与"交通安全"之间的关系并不清晰。

图 1.1 交通、交通安全与交通事故的层次关系

1.1.3 研究理论需求

道路交通系统由人、交通工具、道路、交通环境四大要素构成。人的因素在道路交通安全问题中始终处于主导地位。而所谓道路、交通环境甚至是车辆的安全隐患，最终都是通过人的行为体现出来的。换言之，道路交通安全是人与交通工具、道路、交通环境之间一个不断相互作用的动态过程。在现有的科学技术条件下，对人的建模异常困难，这使得道路交通安全研究领域难以形成一套公认的理论模型和方法。道路交通安全问题最直观、最突出的表现就是道路交通事故，现有道路交通安全研究绝大多数是面向道路交通事故的，针对道路交通安全本身进行的研究反而较少。因此，道路交通安全研究在以下几方面需要进一步深入。

1.1.3.1 明确道路交通安全的概念

现有关于道路交通安全的研究很多,然而,对什么是道路交通安全,并没有一个公认的定义。大部分研究将道路交通安全与道路交通事故等同起来,不能体现道路交通事故只是道路交通安全外在表现结果之一的特性。

1.1.3.2 进一步完善道路交通安全研究体系

以往道路交通安全研究关注的重点集中在交通事故成因分析及预防。在空间尺度上,重点关注单个事故发生地点或部分事故多发点,在空间上是离散的和微观的;在时间尺度上,重点关注交通事故发生一刹那的状况,在时间上是不连续的;在逻辑维度上,重点关注已经发生的事故,对于交通状态从正常到酝酿危机再到进入危险状态直至发生事故的全过程较少关注。从这个意义上说,道路交通安全研究体系还不完善。

1.1.3.3 解析道路交通系统与道路交通安全的内在关系

现有交通系统主要基于通行效率最大化基础构建,对交通安全问题关注不够。而现有以事故研究为主的交通安全研究,是基于微观条件下人、车、路、交通环境这一传统模型展开的。因此,现有交通安全研究没有和交通系统"实现人和物空间位移"这一本质联系起来,对道路交通系统与道路交通安全的内在机理缺乏解析。

1.2 研究问题的提出

交通是各种运输方式和邮电通信的总称。单就运输方式而言,又包括航空、水运、轨道、道路和管道五种。本书仅研究道路交通中的安全问题,因此,下文中如无特别说明,"交通"特指"道路交通","交通安全"特指"道路交通安全","交通事故"特指"道路交通事故"。本研究所涉及的问题主要围绕"道路交通安全过程"展开。

1.2.1 道路交通安全过程

本书对道路交通安全过程的定义是:对道路交通系统从正常状态向可能造成人员伤亡和财产损失的非正常状态转移过程的总体描述。具体而言,本文定义的交通安全过程包括以下4个阶段:出行暴露(Exposing)—遭遇(Encounter)—避险(Evasion)—能量转移(Energy Transfer),最终产生交通安全后果(Consequence)。每个前一阶段的输出是后一阶段的输入,每一阶段的状态都对后一阶段的状态产生直接影响。每一阶段的英文首字母均为 E,故可将这一过程称为道路交通安全的4E过程,如图1.2所示。

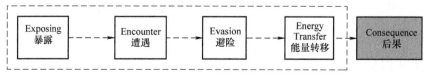

4E Process of Road Safety 道路交通安全的4E过程

图 1.2 道路交通安全 4E 过程

交通事故只是交通安全过程的可能后果之一。由于交通事故的发生具有偶然性，是典型的小概率随机事件，对于特定研究地点，难以收集到统计意义上足够的交通事故样本，从而丢失交通安全过程中的许多信息。对交通安全过程的研究，不但能弥补交通事故数据中缺失的信息，还能从逻辑、时间维度上完善交通安全研究的流程。

以交通安全过程为逻辑线索，交通安全过程研究中的理论问题主要包括：Exposing（暴露）阶段交通出行转化为交通遭遇到达的过程和影响因素、Encounter（遭遇）阶段交通冲突产生的影响因素和发生规律、Evasion（避险）阶段交通冲突向交通碰撞转化的内在过程和机理，以及EnergyTransfer（能量转移）阶段交通碰撞向交通事故演化的过程和结果。

1.2.2 研究定位

一般而言，道路交通安全研究从整体上可分为基础理论研究、管理科学研究、应用技术研究三个层面。本书提出了"交通安全4E过程"的概念，并且围绕这一概念展开，属于交通安全基础理论研究的范畴，如图1.3中深色部分所示。

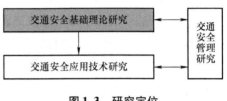

图1.3 研究定位

1.2.3 研究问题界定

对道路交通安全过程框架体系进行研究，并在此基础上，从中微观和宏观角度分别对交通安全过程分析的应用进行探讨。城市道路交叉口是城市道路交通事故和交通冲突的主要发生地点，而无控交叉口在城市道路交叉口中所占比例较大。无控交叉口的交通冲突涵盖了交叉口大部分交通冲突类型，对于信号控制交叉口交通冲突分析也具有借鉴意义。因此，本书在中微观角度的讨论对象，界定为城市道路无控交叉口，所研究的过程阶段，主要聚焦于Encounter（遭遇）阶段。本书在宏观角度的讨论，主要聚焦于安全过程分析研究框架在交通系统规划中的应用。

1.3 研究目的与意义

1.3.1 研究目的

主要研究目的是针对现有道路交通安全研究中存在的薄弱环节，通过对交通安全过程机理进行解析，构建道路交通安全过程分析的研究体系框架，为交通安全研究和改善提供一条新的思路。

1.3.2 研究目标

主要设定了三大研究目标：
1) 梳理道路交通安全研究现有成果，初步构建道路交通安全过程的研究框架体系。

2) 以无控交叉口为例,对交通安全过程中 Encounter 阶段交通冲突进行分析研究。

3) 应用交通安全过程理论方法,对城市交通系统规划与交通安全的关系进行初步探讨。

1.3.3 理论意义和实用价值

道路交通安全是交通运输正常运转的前提,是经济和社会发展的重要条件,是人民安居乐业的基本保证。道路交通安全对保障国民经济的健康发展、保护人民群众的生命财产安全、维护社会稳定具有十分重要的作用。对道路交通安全的过程及其机理进行分析研究,具有重要的理论意义和实用价值。

1.3.3.1 理论意义

其理论意义主要有以下几点:

1) 构建交通安全过程研究体系基本框架,解析交通安全过程演化中的机理问题,为交通安全研究提供一条新的思路。

2) 将主动安全思想引入交通安全研究,可以克服以往研究偏重于"事后防治"的局限。

3) 对无控交叉口交通冲突预测模型进行改进,可扩展交通冲突预测模型的应用范围。

1.3.3.2 实用价值

本书提出的交通安全过程分析理论和方法,为交通安全改善提供了一套逻辑上完整的解决思路。应用上述思路和方法,可以用于指导交通规划、交通安全规划、交通安全管理规划的编制。本书作者所改进的无控交叉口交通冲突计算模型应用于节点和道路网络,得到交通流分配与节点、路网交通冲突之间量化关系的分析方法,可以用于中、微观层面的交通安全评价、分析和改善。

1.4 研究内容与方法

1.4.1 技术路线

本研究的技术路线围绕交通安全 4E 过程展开。以构建的交通安全 4E 过程为核心,在微观层面,建立单个无控交叉口的理论交通冲突计算模型;其次,在中观层面,分析无控交叉口交通到达与理论交通冲突的关系;对常见的小型无控网络,在给定的 OD(起讫点)下探讨交通流分配与路网理论交通冲突数的关系;再次,在宏观层面,通过引入交通安全过程分析方法,对交通规划阶段的交通安全问题进行初步探讨。具体技术路线如图 1.4 所示。

1.4.2 主要研究内容和方法

主要研究内容和研究方法见表 1.2。

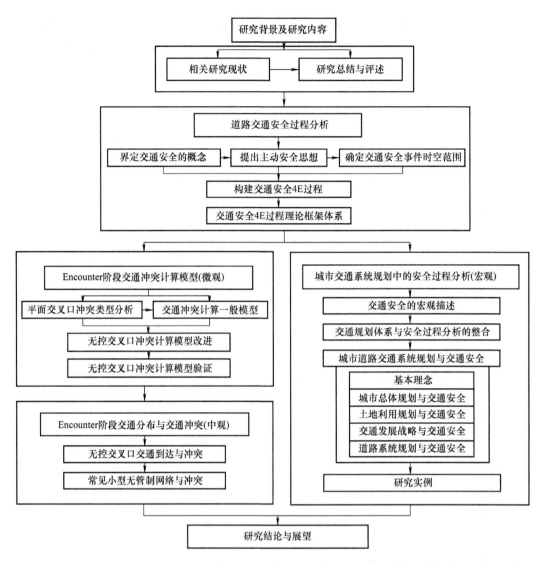

图 1.4 研究技术路线

表 1.2 研究内容与方法

论文研究内容		研究方法	对应章节
研究综述		文献分析与总结	第 2 章
交通安全过程分析	交通安全的定义和特性	总结与提炼	第 3 章
	主动交通安全思想	系统分析	
	交通安全 4E 过程	系统综合	
	交通安全过程研究体系框架	系统建模	
Encounter 遭遇阶段	交叉口冲突分析	实地调查	第 4 章
	无控交叉口冲突计算模型	建模	
	模型验证	数据分析与验证	
	无控交叉口交通到达与冲突	建模	第 5 章
	典型无控路网冲突分布规律	计算与分析	

(续)

论文研究内容		研究方法	对应章节
研究综述		文献分析与总结	第 2 章
交通规划中的安全过程分析	交通安全的宏观描述 交通系统规划中的交通安全问题 应用实例	数据分析 系统分析	第 6 章
结论与展望	研究成果总结 研究展望	提炼与总结	第 7 章

1.4.3 本书章节结构及相互关系

本书总共分 7 章，各章节结构安排如下：

第 1 章　绪论

简单介绍项目研究背景和课题依托，概括总体研究的目的和意义，提出主要研究内容、研究方法和技术路线。

第 2 章　国内外研究综述

从交通安全系统分析、交通事故机理、交通冲突技术、交通规划与交通安全等方面，对国内外交通安全研究现状进行总结，分析现有理论的缺陷和不足，明确研究突破口和研究重点。

第 3 章　道路交通安全过程分析

对交通安全的概念进行界定；引入"主动交通安全"的理念，建立交通安全的 4E 模型，并以此为核心构建道路交通安全系统研究体系的框架。

第 4 章　Encounter 阶段：无控交叉口交通冲突模型

对交叉口的交通冲突类型进行分析；改进无控交叉口机动车交通冲突理论计算模型；采用调查数据，对理论交通冲突与观测常规交通冲突之间的一致性进行验证。

第 5 章　Encounter 阶段：无控交叉口交通分布与交通冲突

对无控交叉口交通冲突与交通到达规律之间的关系进行讨论，对三种常见小型无控路网的机动车交通冲突进行分析。

第 6 章　城市道路交通系统规划中的安全过程分析

提出宏观交通安全描述方法；对交通规划体系与交通安全过程分析理论进行整合，并据此对城市交通系统规划中的交通安全问题进行探讨，并给出算例。

第 7 章　结论和展望

总结本书的研究成果和创新点，对有待进一步研究的问题给出简要分析，并提出展望。

本书章节结构和相互关系如图 1.5 所示。

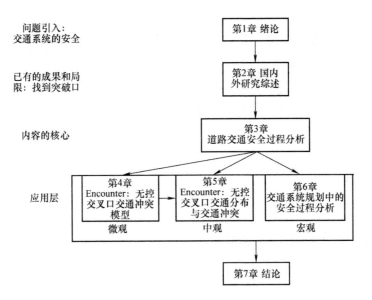

图1.5 本书结构安排及相互关系

本章参考文献

[1] 世界卫生组织. 世界预防道路交通伤害报告 [M]. 北京：人民卫生出版社，2000.

[2] AERON-THOMAS J G. A Estimating global road fatalities [R]. Crowthorne：Transport Research Laboratory，2000.

[3] 巴布可夫. 道路条件与交通安全 [M]. 上海：同济大学出版社，1990.

[4] HUMMEL T. Land use planning in safer transportation network planning [R]. [S.l.]：SWOV Publication，2001.

[5] 刘大椿. 科学技术哲学导论 [M]. 2版. 北京：中国人民大学出版社，2005.

第 2 章
国内外研究综述

道路交通安全一直以来都是交通研究领域的焦点问题。经过多年的研究和实践探索,在研究理论和方法层面取得了大量研究成果。但是,道路交通安全研究又是一个很复杂的问题,从研究领域上说,其横跨了自然科学和社会科学;从涉及学科上说,其涵盖了工程科学、经济学、法学、医学、管理学等多个学科门类。何勇等提出,道路交通安全研究从整体上可分为基础理论研究、管理科学研究、应用技术研究三个层面。

(1) 交通安全基础理论研究层面

这个层面的研究包括交通安全框架体系、交通事故机理、事故预测、事故再现、交通创伤学、交通安全心理学、交通安全模拟与仿真、碰撞机理分析等。

(2) 交通安全管理研究层面

这个层面的研究包括交通安全战略、交通安全管理体制、紧急救援体系、交通安全法律法规、交通安全经济评价、交通安全管理、交通安全宣传、教育培训、驾驶人培训、医疗救助、保险等。

(3) 交通安全应用技术研究层面

这个层面的研究包括道路交通安全评价方法、事故黑点判别、交通安全人机工效学、道路安全改造措施、道路设施养护管理、车辆主动及被动安全技术、ITS 技术应用、标准规范制定,以及安全防护设施、装备、产品、材料等研究。

本章主要立足交通安全研究基础层面,从交通安全研究体系、交通事故及其机理、交通冲突技术、交通安全系统分析四个方面,对现有交通安全研究成果进行系统回顾和梳理,并提出本书的研究方向。文献综述的定位如图 2.1 所示。

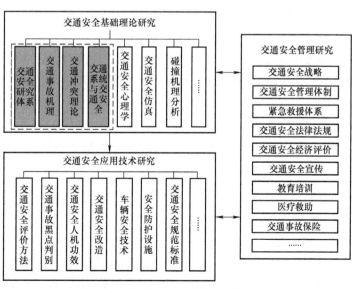

图 2.1 文献综述定位

2.1 道路交通安全

2.1.1 对道路交通安全的认识

道路交通安全（Road Safety）是我们在研究中、日常工作中乃至日常生活中都经常提起的一个词，然而，参考国内外的文献，对道路交通安全尚没有一个公认的定义。总体而言，现有对交通安全的认识存在以下三类观点：

1）一种观点认为交通安全与交通事故没有明显区别。很多时候，交通事故和交通安全这两个概念可以混用。持这种观点的有刘运通、G. Botha 等。

刘运通认为：交通安全和交通事故可以视为对同一命题出于不同角度的分别表述，减少交通事故和提高交通安全水平这两种说法，无论就其内涵还是目的，都没有本质上的区别。

G. Botha 对 Road Safety 的定义是：单位时间内道路交通事故及事故伤亡的量度。

2）另一种观点认为，交通事故是交通安全的核心目标，交通安全是以减少交通事故和伤害为核心的所有活动的总称。持这种观点的包括：英国 TRL、Leonard Evans、郭忠印、何勇等。

TRL 对交通安全研究（Road Safety Research）的定义是：以减少交通事故及其伤害为目标，对道路与交通系统中一切相关方面进行的科学研究。

Leonard Evans 指出：Road Safety 指减少由于道路交通事故导致的伤害（包括死亡、受伤和财产损失）。

何勇等对道路交通安全技术的定义是：以人的出行和物品的运输为核心，把人、道路、车辆和交通环境四大要素相互关联的内容，综合在动态交通系统中进行研究，对系统的安全性、可靠性、经济性进行评价，寻求交通事故最少、交通伤害和损失最低的系统保障措施，达到安全、快捷、经济、舒适和低公害的系统目标。他指出：道路交通安全研究和应用的核心问题是道路交通事故。

郭忠印等对道路安全工程定义为：以道路安全系统中与道路交通环境有关的因素为研究对象，应用工程的原理，以事故信息为基础，对道路与交通设施进行系统分析，提出并确定道路设计、修建和养护，以及交通控制与管理方面的安全改善措施，从而达到经济、合理地减少交通事故损失的目标的一项工作。

3）还有一种观点认为，交通事故只是交通系统不安全性的外在表现之一，交通安全研究需要应用系统理论。持这种观点的有刘志强、过秀成、肖贵平等。

刘志强对交通安全的定义是：交通参与者在交通出行中遵守交通法规，避免发生人身伤亡或财产损失的过程。他认为，交通事故与交通安全是对立的，但事故并不是不安全的全部内容，而只是在安全与不安全这一对矛盾斗争过程中某些瞬间突变结果的外在表现。

过秀成对道路交通安全的观点是：交通安全建立在交通系统的动态平衡上。系统内任何因素的不可靠、不平衡、不稳定就可能导致种种的冲突与矛盾，产生危险或隐藏危险，即不安全或存在不安全因素。

肖贵平等对交通安全工程学科的定义为：运用系统论、控制论、信息论等现代科学技术理论，从安全的角度，对交通运输系统寿命期的各个阶段进行科学研究，以查明事故发生的原因和经过，找出灾害的本质和规律。

2.1.2 道路交通安全研究发展历程

从 20 世纪 50 年代开始，人们对道路交通安全的研究逐步进入正轨，取得了大量研究成果。这些成果也促使人们对道路交通安全的认识不断加深。总的来看，到目前为止，道路交通安全系统研究经历了三个阶段。

第一阶段：关注驾驶人的失误（1950—1970）

在 20 世纪 50 和 60 年代，对道路交通安全的研究还很不充分，所取得的成果也是零散和不系统的。这一阶段，交通安全研究主要关注的是驾驶人的失误，并且寄希望于通过立法和对违法行为进行严厉的处罚，从而改变驾驶人的驾驶行为，防止驾驶人犯错，以减少交通事故。

第二阶段：关注交通事故综合成因（1970—1990）

从 20 世纪 70 年代开始，人们开始意识到，将交通事故的所有责任都归于人的失误是不公平的，交通事故是人、车、路（环境）综合作用的结果。美国 NHTSA 创建人 William Haddon 于 1968 年提出 Haddon 矩阵，通过建立一个人、车、路三要素在事故前、事故中、事故后的安全对策框架，极大深化了人们对于道路交通安全系统层面的认识。在此基础上，3E（Engineering，Enforcement，Education）交通安全手段得到了广泛的应用。这一阶段的交通安全研究主要集中于采用系统方法对具体交通环境下的交通事故进行分析。

第三阶段：从道路交通系统层面对道路交通安全进行研究（1990 至今）

从 20 世纪 90 年代初开始，一些研究者开始将道路交通系统视为一个整体，对其安全性进行研究。在这一阶段，规划与交通安全、ITS 与交通安全等一系列研究课题被提上了议事日程。部分发达国家开始从道路交通系统层面对交通安全进行干预，并拟定了具体的安全改善行动计划。

2.1.3 道路交通安全系统分析

现有道路交通安全系统分析方法大致可以分为两类：道路交通系统安全要素分析和道路交通安全系统过程分析。

2.1.3.1 道路交通系统安全要素分析

道路交通系统是一个由人、车、路、交通环境等要素构成的复杂动态系统。其中，"人"包括机动车驾驶人、骑车人、行人等；"车"包括机动车和非机动车等；"路"包括公路和城市道路；"环境"包括自然环境和人工环境等。人、车、路、环境等几个互不相同的要素，在构成具有特定功能的道理交通系统整体时，通过规则和信息，相互之间产生相互联系和相互作用。这种联系和作用是不均衡的，随着时间、地点的变化，诸要素对交通安全的影响大小随时在变化。同时，诸要素之间也会相互影响，形成一个复杂的动态系统。

就道路交通系统诸要素对道路交通事故的具体成因而言，学术界一直存在争论。国内外有些学者认为，人的失误是导致交通事故的主要原因。例如，我国公安部历年公布的交通事故数据表明：交通事故成因统计中，人的失误占到90%以上，道路因素则小于1%。美国的Treat和英国的Sabby的研究表明，与道路有关的交通事故比例大约占到28%~34%，与人有关的事故大约占到93%~94%，与车有关的交通事故比例约占到8%~12%，这一研究结果表明人是关键。但是，另外一些专家却对此存在不同看法。莫斯科公路学院的O. A. 季沃奇金对取自苏联各地区的Ⅰ~Ⅴ级公路约13000个道路交通事故进行分析，并仔细对照事故地点的道路特征后，得到的结论是：不良道路条件影响是70%交通事故的直接或间接原因。欧盟经济委员会在关于预防道路不幸事件问题的文献中也指出：事故数量的70%是由于道路的缺陷所致。

出现这种情况，除了各国经济发展水平、道路条件和交通状况的差别外，交通事故原因分析统计标准不一致，也是一个重要原因。尽管如此，对以下几点的认识还是比较一致的：

- 在影响交通安全的诸要素中，人是环境的理解者和指令的发出和操作者，路和车的因素必须通过人才能起作用。因此人是道路交通事故的关键因素。
- 人的因素在三个要素中是最难改变的，人对所处环境的认知和反应在很大程度上决定于人固有的生理和心理，因此车辆和道路、环境会对人的行为产生很大影响。
- 事故的原因不一定能直接导向最有效的整治措施。英国《事故调查手册》指出，当我们考虑整治措施以减少事故时，我们必须认识到，最有效的措施也许在另外的因素中。

2.1.3.2 道路交通安全系统过程分析

最早提出交通安全系统过程分析理论的是W. Haddon。他将道路交通事故发生过程分为碰撞前、碰撞时、碰撞后三个阶段，并将交通安全系统总结为人、车、环境（含道路）三个要素。对于碰撞前、碰撞中、碰撞后的每一个阶段，都有人、车、环境要素发挥作用。由此就得到了一个3×3的矩阵。Haddon针对该矩阵提出了相应的对策矩阵，这就是著名的Haddon矩阵，见表2.1。根据Haddon的观点，系统的方法就是寻找和纠正能引起致死性或严重交通伤害的主要原因或设计上的缺点，并通过下列方法来减轻伤的严重程度和后果：

- 减少暴露于危险因素的机会。
- 预防交通事故的发生。
- 减轻在交通事故中伤害的严重程度。
- 通过改进碰撞后的救治来减轻伤害的后果。

表2.1　Haddon矩阵

阶段		因素		
		人员	车辆和设备	环境
碰撞前	防止碰撞	信息 态度 损伤 交警执法力度	车辆性能 照明 制动 操控 速度管理	道路设施和道路布局 速度限制 行人装备

(续)

阶段		因素		
		人员	车辆和设备	环境
碰撞时	碰撞时防止受伤	固定装置的使用损伤	速度管理 乘员固定装置 其他安全装置	道路两侧防碰撞物体
碰撞后	生命支持	急救技术 获得医疗救助	防碰撞设计 容易进入车内 起火危险	救援设施 交通阻塞
结果	损坏恢复	治疗	车辆修复和改进	设施修复和改进

Haddon 矩阵是最早将过程分析应用于交通安全的尝试。然而，Haddon 矩阵也存在局限性，它将道路交通系统安全的要素割裂开来考虑，不能反映每个阶段交通系统诸要素的相互作用机理。而且，Haddon 矩阵仍然只考虑了碰撞发生前一刹那开始的交通事故过程，并非涵盖了交通安全的全过程。从这个意义上说，Haddon 矩阵实际上仅仅是对交通事故过程的分析。

采用过程分析思想的，还有所谓的 ERC（Exposure – Risk – Consequence）理论。该理论来源于安全科学领域，主要用于宏观交通安全评价。该理论的主要思想是：交通安全可以采用 3 个参量及其组合描述：交通暴露（Exposure）、事故风险（Risk）和事故后果（Consequence），这 3 个参量涵盖了交通安全的主要方面，其中任意一个参量变化都会影响道路安全。有如下公式：

$$交通安全性 = 交通暴露 \times \frac{事故数}{交通暴露} \times \frac{伤亡数}{事故数} \qquad (2.1)$$

ERC 模型应用的一个典型例子是 DRAG（Demand for Road use, Accidents and their Gravity）模型。该模型最早在加拿大魁北克得到应用，并衍生出了 DRAG – 2、DRAG – 3 模型。该模型还在美国、法国、德国、挪威等国得到了应用。该模型的主要思想是，用一系列参数（包括车辆保有量、人口数、汽油价格、交通事故数量、交通伤亡人数、道路长度、停车管理、车速限制等）对出行需求、事故风险和伤害风险进行回归分析，并应用 ERC 模型得到最后的交通伤害人数。该模型可以用于宏观交通安全预测和宏观交通要素对交通安全影响的定量分析。

2.2 道路交通事故及其机理

2.2.1 道路交通事故的定义

关于道路交通事故，世界各国出于自己国家具体的国情和交通情况、研究目的考虑，对道路交通事故的规定不尽相同，但其实质基本相同。

根据美国国家安全委员会的定义，道路交通事故是指车辆或其他交通物体在道路上所发生的意料不到的、有危害的事件，这些事件妨碍着交通行为的完成，是一系列不安全的行为或者一系列不安全的条件所致的结果。

日本《道路交通法》规定，凡在道路或供一般交通使用的场所因车辆之类的交通工具所引起人身伤亡或物品的损坏，称为交通事故。

我国在不同的历史时期对交通事故给出了不同的定义。

1991年国务院制定的《道路交通事故处理办法》（2004年5月1日废止）第二条，对交通事故做出了规定："本办法所称道路交通事故，是指车辆驾驶人员、行人、乘车人以及其他在道路上进行与交通有关活动的人员，因违反《中华人民共和国道路交通管理条例》和其他道路交通管理法规、规章的行为，过失造成人身伤亡或者财产损失的事故。"

现行的《道路交通安全法》第一百一十九条规定："交通事故，是指车辆在道路上因过错或者意外造成的人身伤亡或者财产损失的事件。"

从交通事故的定义可以看出，交通事故具备以下几个构成要素：道路、车辆、后果、过错或意外、（至少一方处于）运动状态。

2.2.2 道路交通事故机理

事故机理指事故发生的结构、形成方式和作用的逻辑关系及其规律。目前主要关于事故机理的研究理论有流行病学理论、多米诺骨牌理论、轨迹交叉论、能量交换理论等。这些理论大多从安全科学研究领域引入，它们基本原理也适用于交通安全中的事故机理研究。

（1）多米诺骨牌理论

多米诺骨牌理论（图2.2）认为事故是由于以下原因逐级作用造成的：A1—社会与环境缺陷；A2—人的失误；A3—不安全行为或机械、物质危害；A4—意外事件/事故；A5—伤亡。

图2.2 多米诺骨牌理论

海因里希认为，如果5个骨牌的前3个中的任意一个倒下，则后边的骨牌也会接连倒下。这就表明，事故和伤亡之所以产生是由于前3个因素的作用。从预防事故和伤亡的角度出发，应设法消除骨牌A3，使连锁反应中断，则可避免事故和伤亡的发生。

（2）轨迹交叉理论

轨迹交叉理论认为事故是人的不安全行为与机械、物质的危害两个系列的能量流在一定时间发生轨迹交叉所造成的。在事故发展进程中，人的因素的运动轨迹与物的因素的运动轨迹的交点就是事故发生的时间和空间，即人的不安全行为和物的不安全状态发生于同一时间、同一空间，则将在此时间、空间发生事故。

（3）能量意外释放论

Gibson和Hadden提出了一种新概念：事故是一种不正常的或不希望的能量释放。各种形式的能量构成伤害的直接原因，人们应该通过控制能量，或控制作为能量达及人体媒介的能量载体，来预防伤害事故。

(4) 事故因果连锁

海因里希把工业伤害事故的发生、发展过程描述为具有一定因果关系的连锁反应。伤害事故的发生不是一个孤立的事件，尽管伤害可能发生在某个瞬间，却是一系列互为因果的原因事件相继发生的结果。虽然人的失误是直接原因，但对于改善措施，却应关注直接原因背后的深层原因，如图2.3所示。

图 2.3　事故因果理论

(5) 事故致因理论

西南交通大学的毛敏和喻翔等提出了一个交通事故的显性、隐性故障致因模型，如图2.4所示。该模型认为，交通事故的致因有显性故障与隐性故障。道路使用者因违章或失误冲破最后一道保护装置而导致交通事故，这是显性故障，也就是导致交通事故的直接原因。诸如不合理的交通组织方式造成交通阻塞，从而导致交通事故率上升，就属于隐性故障。

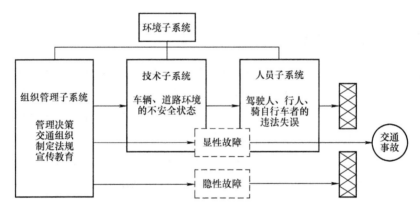

图 2.4　显性、隐性事故致因理论

(6) 系统理论的人因素模型

系统理论指把人、机、环境作为一个整体（系统）看待，研究人、机、环境之间的相互作用、反馈和调整，从中发现事故的致因，揭示出预防事故发生的途径。这些理论认为外界信息不断地通过感官反映到大脑，人若能理解和判断，做出正确决策和采取行动，就可以避免事故和伤亡；反之，如果人未能察觉、认识所面临的危险，或判断不准确而未采取正确的行动，就会导致发生事故。

(7) P 理论

Benner 认为，事故过程包含着一组相继发生的事件。可以把事故看作由相继事件过程中的扰动开始，以伤害或损坏终止的过程。这种对事故的解释称为 P 理论（Perturbation）。

(8) 事故致因综合分析方法

我国学者通过对事故的产生诱因的统计分析和产生机理的研究，提出了事故致因综合分析方法，如图 2.5 所示。

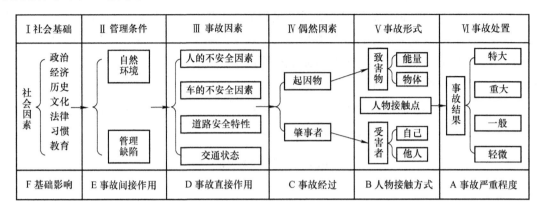

图 2.5　事故致因综合分析方法

2.3　交通冲突技术

2.3.1　交通冲突技术概述

交通冲突技术（Traffic Conflict Technique，简称 TCT）是国际交通安全领域，从 20 世纪中叶以来逐步开发并完善的非事故统计评价理论。该技术以大样本生成、快速、定量研究评价交通安全现状与改善效果的特点，而异于传统的事故统计评价理论。国际交通安全界对这一技术评价甚高，誉为 20 世纪交通安全评价领域的一次革命。

1968 年，通用汽车公司的 Perkins 和 Harris 为了调查该公司车辆在安全性方面是否与其他车辆相同，首次提出了交通冲突的概念，并对交通冲突的观测方法及其与事故之间的相关性进行了研究。

交通冲突是指：交通行为者在参与道路交通过程中，与其他交通行为者发生相会、超越、交错、追尾等交通遭遇时，有可能导致交通损害危险发生的交通事件。

2.3.2　交通冲突与交通事故的关系

交通冲突发生过程与交通事故发生过程的描述相似，均可表示为两个相对运动的物体，在一定时间内向事故接触点逼近的空间变化趋势。这一特定的时空变化关系可由时间、距离、速度等物理参数予以定量描述。两者之间的唯一区别在于是否存在损害后果，凡造成人员伤亡或车物损害的称为交通事故，否则称为交通冲突（图 2.6）。

冲突与事故的相关性研究表明，二者之间存在着一定的相互替换关系。

张苏的研究表明，交通事故与交通冲突之间的这一关系可由替换系数 π 予以描述，即 π 值定义为一次冲突导致事故发生的概率。

$$\pi = P_i \frac{C_i}{A_i} \tag{2.2}$$

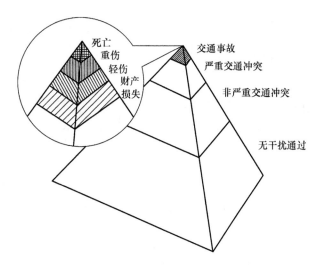

图 2.6 交通冲突与交通事故

式中，A 是小时事故记录数；C 是小时冲突记录数；P 是泊松分布，由最大似然估计得出。

$$P = \frac{\sum C_i}{\sum A_i} \quad (2.3)$$

文献[84]运用上述思路，根据长沙市 9 个交叉口和全国 6 市 54 个交叉口的统计研究结果表明：大约平均 100000 次冲突导致一次事故发生。由此证明事故与冲突的换算系数具有较高的可信度水平。

刘小明，段海林对一些平面交叉口的事故统计与交通冲突观测值进行了观测，得到的数据见表 2.2。

表 2.2 某市部分交叉口交通冲突与交通事故观测数据

编号	平均冲突/天	严重冲突/天	平均冲突/5 年	严重冲突/5 年	事故/5 年	冲突/事故	严重冲突/事故
1	3 301	198	491 177	29 417	45	10 915	654
2	1 923	173	285 703	25 703	37	7 722	695
3	4 414	426	655 794	63 291	90	7 287	703
4	3 024	134	449 280	19 909	48	9 360	415
5	1 821	98	270 549	14 560	32	8 455	455
6	1 488	78	221 074	11 589	28	2 869	414

对表 2.2 的数据进行回归分析，得到平均冲突、严重冲突与事故的相关关系如图 2.7 所示。该文最后得出的结论是：交通冲突数与交通事故数之间有良好的线性相关性。交通冲突可以反映平面交叉口交通事故的变化趋势，由于交通冲突的严重程度还可反映交通系统中人的安全感的大小，因而，交通冲突技术不仅是事故统计替代方法，而且可以在一定程度上避免事故统计方法的不足。因此，用交通冲突技术评价平面交叉口安全水平是有效的。

刘小明等从交通冲突的定义、分类、冲突调查时间、地点和观测人员选择、样本要求等

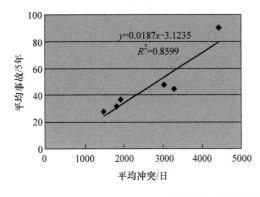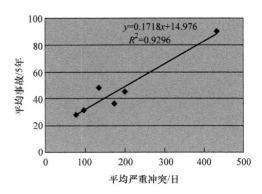

图 2.7 交通冲突与交通事故的关系

方面，对交通冲突技术在我国平面交叉口交通安全评价上的标准化程序进行了研究。

成卫运用灰色系统理论，提出了基于综合当量冲突 TC/MPCU 的交叉口安全灰色评价方法。

罗石贵、周伟对路段交通冲突技术进行了研究，详细说明了路段交通冲突调查有关技术要求，包括冲突的观测方式、调查时间安排、观测地点的选择、调查人员与观测范围的确定，以及冲突调查内容及样本容量的确定。

蒲文静提出一套新的基于交通冲突分析的确定交叉口临界流量的方法，在分析交通流量和交通冲突次数关系的基础上，通过"临界冲突数"确定临界流量。由于对全无控制交叉口实施控制的主要考虑是其安全性，该方法不将延误作为确定临界流量的一个指标。

东南大学陆键、项君乔等对交叉口交通冲突规律进行了较深入的观测和研究，提出了基于交通冲突的公路平交口交通安全评价方法，建立了无控交叉口安全服务水平计算模型。

尽管交通冲突技术被认为是有效的，但是交通冲突技术的应用一直受到冲突观测复杂性的局限。上述研究成果都是基于实地交通冲突观测的基础上产生的，交通冲突调查人员需要经过长时间的培训，耗费大量人力物力。进行人工调查前，调查人员需要专门用半天到一天时间进行肉眼测速能力和测距能力的训练。存在先天视觉或平衡感不适的人员，不宜参加此类调查。而且，交通冲突调查需要调查人员长时间处于一种精神高度紧张状态，容易引起调查误差。大部分的实验表明，人工现场观测是可以信赖的，但也有研究指出，人工观察最高漏记了 20%～25% 的应发现的交通冲突。美国在 20 世纪 90 年代进行了计算机自动观测记录交通冲突软件的研究，但并未成功。到目前为止，唯一能够实用地获取交通冲突的方法还是人工观测。对于未进行交通冲突调查的地点，难以对交通安全水平进行有效评估。受此限制，交通冲突技术在实际工作中一直未得到广泛利用。

2.3.3 交通冲突预测

关于交通量和交通冲突次数之间的关系模型，国内外的研究相对较少。

Migletz 的研究表明，对向左转冲突与左转流量和对向直行流量的平方根成正比。

Salman 对 T 形交叉口冲突与流量之间的关系进行了研究，并得出了相应的线性回归模型。

Katamine 研究了非信号交叉口在不同流量下的交通冲突。对于同向交通冲突，主要道路的流量对冲突数影响最大；对于转弯和穿越交通的冲突，主要道路流量和次要道路穿越行驶的流量影响较大。

Sayed 建立一个非信号交叉口交通冲突的微观仿真模型，得出的结论是：当交通流量较低时，冲突数与冲突流量的平方根成正比。该结论与 Migletz 的结论基本一致。

韩直和张树升、张晓燕在 20 世纪 90 年代对无控交叉口和信控交叉口交通量和交通冲突的密切关系进行了研究，建立了理论交通冲突的计算模型。王海星、肖贵平在 2005 年利用上述模型，对北京的两相位平面信控交叉口交通冲突进行了预测。

2003 年，Douglas Gettman 和 Larry Head 就应用部分交通仿真软件对包括交通冲突在内的安全替代指标预测进行了研究，并提出了利用仿真软件进行 SSAM（替代性指标交通安全评价）的研究方法。

2.4 交通系统规划与交通安全

20 世纪 90 年代末，世界上交通安全最好的两个国家荷兰和瑞典先后提出了新的交通安全目标和实施方案。荷兰的计划称为"可持续的交通安全（Sustainable Safety）"，瑞典的计划称为"零死亡（Vision Zero）"。他们的主要观点是：安全应该是交通系统的本质属性。交通安全问题的存在不应归因于人，而应归因于交通系统中存在的问题。从这个意义上说，除了使用者以外，交通系统的规划者、设计者、管理者也应对交通安全问题负责。换言之，交通安全的研究范围，不应局限于微观的交通安全事件，而应贯穿交通系统整个规划 - 设计 - 管理阶段。有鉴于此，交通系统规划与交通安全的研究逐步得到了重视。但是总的来说，这一领域的研究尚处于起步阶段。由于传统交通规划与交通安全属于不同层面的东西，大量工作被用于进行理念的推广。

2.4.1 国外相关研究

Rune Elvik 研究了中心商业区（CBD）周边街区交通改善计划对区域交通安全的影响；Manne Millot 研究了城市发展对出行方式的影响以及城市发展、出行方式对交通安全影响问题；Robert B. 研究了不同城市用地类型、就业分布的事故生成量问题。这些研究成果进一步拓展了交通安全研究的空间范围。

Jake Kononov 介绍了一种在运输系统规划和项目建设前期的安全考虑方法，其基本思路与莫斯科公路学院的巴布可夫在 20 世纪 70 年代的研究思想有许多相似之处，只不过巴布可夫在其研究成果和出版的专著中，没有明确地提出其研究成果可用于公路网规划阶段的安全考虑。

加拿大 UBC 大学的 Tarek Sayed 和 Paul de Leur 提出了"Proactive Road Safety Planning"的概念，构建了道路规划阶段改善交通安全的系统框架，并在 ICBC 保险公司的资助下，采用两条高速公路的数据进行了验证。

Dominique Lord 提出了一种在城市道路运输网络规划阶段考虑交通安全问题的框架结构，将安全评价与网络规划进行了有机结合。

大阪大学的 Yasutsugu 开展了路网规划阶段自行车出行交通安全的研究，对不同路网方案安全水平进行了预测和比较。

美国在 1998 年发布的 TEA-21（Transportation Equity Act for the 21st Century）法案中，第一次把交通安全作为了八大规划目标之首，即要求 "Increase the safety and security of the transportation system for motorized and nonmotorized users"。在法案中，移动性（Mobility）被作为第二位的规划目标。这一计划在美国被称为 SCP（Safety Conscious Planning），后改名为 TSP（Transportation Safety Planning）。它从全局角度提出了一个长远的战略目标和未来安全研究工作的一个构想，即应开展道路交通系统规划阶段的安全评价工作，并用交通安全的思想来进一步优化道路交通系统。在 ISTEA 和 TEA-21 的基础上，2005 年美国又通过了 SAFETEA-LU（Safe, Accountable, Flexible, Efficient Transportation Equity Act: A Legacy for Users）法案，进一步强化了交通安全在交通系统中的地位。TRB 在 2006 年成立了一个专门的 SCP 讨论 Session。Georgia 大学的 Michale Mayer 和 Camsys 的 Susan Herbel 在引导美国各地开展 SCP/TSP 方面做了大量工作。2007 年由 Susal Herbel 执笔，美国 FHWA 发表了一份研究报告（FHWA-HEP-07-005），对如何提高交通规划中的安全性提出了一些操作层面的建议。

意大利 Roma 大学的 Lucia Martingcigh 和 Maria Vittoria 从 21 世纪初开始考虑规划与交通安全问题，明确提出城市交通规划是提高城市交通安全、改善城市环境最重要的工具。他们在研究中指出，现有城市规划和建设的尺度并不适用于行人，并提出了 "environmental island" 的理念。该研究主要聚焦于规划对于安全、和谐的重要性，提出行仅靠交通标志和隔离墩等交通设施，并不能完全保障行人安全，必须从规划阶段进行有效控制。该研究重点在 environmental island 的可行性分析，其中包括基础分析、和谐性评价和具体技术手段三部分。基础分析包括评估居民接受程度、意愿和实现可能性；和谐性评价包括供需平衡、不同方案的平衡等；具体技术手段方面，该研究主要提出了建设适合行人尺度的区域体系和道路系统、30km/h 限速区域、步行专用道和照明等措施。

荷兰提出了 "Sustainable Safety" 的计划，并且提出了三个安全原则：功能性（防止道路不必要的使用行为）、同质性（保证道路上交通流的性质相近）和可预测性（通过道路和交通设施保证参与者交通行为的规范性和可预测）。这三点都不是道路设计阶段可以完全解决的。2002 年前，荷兰基础设施方面的工作是对道路进行分类以确定限速，建立和扩大 30km/h 限速区。2002—2010 年的重点是完善规划、设计导则，以保证道路同质性的实现，并进一步扩大限速 30km/h 的区域。

20 世纪 90 年代，瑞典提出了 "Vision Zero"，即著名的 "零死亡" 计划。该计划的核心是车速控制，城市道路不再提 through traffic roads, local street, collector roads 和 access roads 等传统概念，而是根据道路安全车速对道路进行分类，进行交通规划和设计时，必须依照这些道路车速分类的标准。分类包括：
- 70km/h 速度道路——即原来的 through roads
- 50/30km/h 速度道路——主要是原来的 Main street
- 30km/h 速度道路——居住区道路
- 步行街
- 行人和自行车专用道

2.4.2 国内相关研究

郭忠印、方守恩，裴玉龙、陈永胜、刘小明，蔡军等专家进行了"主动道路安全设计"的一些研究，力图在道路的设计阶段，通过各种方法，将交通事故发生的可能性降到最低。这些研究主要侧重于道路和交叉口具体线型、结构、设施设计等方面，未涉及交通规划阶段问题。

裴玉龙的研究表明，四块板和两块板道路的安全性好于一块板和三块板道路。城市道路的事故率随车道数的增加而降低，但降低速度比较缓慢。

张春平、崔洪军的研究表明，城市路网的合理密度必须考虑交通安全因素，密度过大或过小均会造成交通事故率的增加。从城市交通事故的发生率来看，城市干路上合理的交叉口间距应当介于 300m 到 600m 之间。

关于交叉口形式，裴玉龙的研究表明：在城市道路中不同类型交叉口的交通事故率有明显差别。环形交叉口事故率最高，危险性也最大，之后依次为三路交叉口、多路交叉口、四路交叉口和立体交叉口。

蔡军指出，路网体系与城市交通安全存在联系，并提出了相应的对策：城市主干路上下行机动车道之间、自行车道与机动车道之间应尽量采用物理分隔；城市路网应尽量考虑采用路网分流的方法，解决机动车与非机动车交通之间的冲突问题；健全支路体系，使支路体系承担起自行车交通、近距离交通、集散交通、城市沿街活动空间的职能，真正实现城市道路功能的合理划分；合理选择交叉口形式，重视三路交叉口的交通安全问题；对城市道路采用限速措施，主要包括适度缩小主干路上的交叉口间距、加密路网、合理设置人行横道、根据交通线控制要求增加信号灯并合理配时；在路网规划中，应考虑城乡结合部到市区道路的车速合理变化，建议通过交通标识和路网设计有效调整驾驶人的驾驶心态。

同济大学的王岩和杨晓光于 2006 年在国内首先提出了"主动道路交通安全规划"这一概念，建立了主动道路交通安全规划框架体系，并构筑了主动交通安全规划的目标函数，从城市总体规划、土地利用规划、综合交通规划和道路网规划四个方面，提出了主动交通安全规划的要素和规划原则。

吉林大学的孟祥海利用哈尔滨市的交通事故数据，建立了城市干道系统事故预测模型库，分析了城市干道系统交通事故的统计分布特点，应用逐步回归分析方法，标定出了各类型路段及交叉口的 Logistic 多元非线性事故预测模型。另外，他们还分别建立了高峰时段事故率、事故次数与 v/c 关系模型，最终形成一套由 24 个预测模型组成的城市干道系统事故预测模型库，从而为路网规划方案的事故预测提供了实用模型。在此基础上，提出了定性路网规划方案交通安全评价与路网改进方法。

2.5 以往研究评述及本书研究方向

2.5.1 以往研究评述

2.5.1.1 道路交通安全和道路交通事故

研究对象定义的明确过程可以看作是对研究对象、优化目标、约束条件的凝练和总结。对于道路交通安全研究而言，没有一个清晰完整的定义，是交通安全研究中的一大缺憾。

以 ERC 理论为代表的现有交通安全过程研究理论及现有的各种交通事故机理理论，都有其正确的一面。问题的关键是，上述机理和理论均来自安全科学研究领域，并非是专门针对交通领域而创立的。因此，一些交通安全和交通事故独有的特征，在上述理论中不能被充分地反映出来。例如，上述理论和方法难以充分反映发生交通安全事件时，两个或两个以上交通对象之间复杂的交互过程。

其次，基于交通事故的研究本身就有"被动性"。交通事故具有不可逆性，交通事故发生后，造成人员死亡和重伤，其损失无法挽回。而且，交通事故的发生具有随机性，不发生交通事故不代表安全。因此，应主动地考虑交通事故发生前后的相关因素和潜在原因。

2.5.1.2 交通冲突技术

以往研究表明交通事故与交通冲突之间存在线性替换关系，交通冲突技术被证实是交通安全评价和交通事故预测的有力工具。但是，交通冲突技术的应用一直受到冲突观测复杂性的局限。上述研究成果大都是基于实地交通冲突观测的基础上的。到目前为止，唯一能够实用地获取交通冲突的方法还是人工观测。交通冲突调查人员需要经过长时间的培训，耗费大量人力物力。受此限制，交通冲突技术在实际工作中一直未得到广泛利用。而且，在规划和设计阶段，无法获得交通冲突数据，因而无法应用交通冲突理论。

2.5.1.3 交通规划与交通安全

以往，交通安全被认为是微观事件，每一起交通事故都有其具体的诱发原因。现有的交通规划体系，是以通行能力相关指标（包括交通容量、通行能力、延误、出行时间等）作为核心指标构建的。因此在规划过程中，尽管规划目标和导则往往将交通安全列在首位，但交通安全实际上并不是现有交通规划过程中的主要优化目标，对交通安全的考虑往往或多或少隐含于规划各个阶段具体方案中，没有统一的架构和体系，从而造成现有交通规划与交通安全研究成果的零散和无序。

2.5.2 研究方向总结

本书将从以下几个方面作为切入点展开研究：

1) 对交通安全的概念进行明晰，应用"主动安全思想"，构建道路安全过程并对各阶段进行分析。

2) 对交通安全过程中的 Encounter 阶段交通冲突模型进行改进，对其适应性进行验证；并对交通冲突与交通分布之间的关系进行分析。

3) 构建交通规划阶段的交通安全研究框架，在框架范围内对现有的研究成果进行重新梳理和总结。

本章参考文献

[1] EVANS L. Traffic Safety [M]. [S. l.]: Science Serving Society, 2004.

[2] 刘志强, 龚如海, 恭标. 道路安全工程 [M]. 北京: 化学工业出版社, 2005.

[3] 何勇, 唐铮铮. 道路交通安全技术 [M]. 北京: 人民交通出版社, 2008.

[4] 方守恩, 郭忠印, 陈雨人. 道路安全系统与道路安全工程 [J]. 中国公路学报, 2001, 14 (Z1): 105 – 108.

[5] 过秀成. 道路交通安全学 [M]. 南京: 东南大学出版社, 2001.

[6] 蔡果, 杨降勇, 王岩. 道路交通管理 [M]. 长沙: 湖南科技出版社, 2009.

[7] 毛敏, 喻翔. 道路交通事故致因分析 [J]. 公路交通科技, 2002 (10): 125 – 127.

[8] GIBSON J. The contribution of experimental psychology to the formulation of the problems of safety: a brief for basic research, behavioral approaches to accident research, Association for the aid of crippled Children, New York, NY [Z]. 1960.

[9] HADDON W. Energy damage and the 10 counter measures strategies [Z]. 1973.

[10] HADDON W. Options for the prevention of motor vehicle crash injury [J]. Israeli Medical Journal 1980 (16): 45 – 65.

[11] CAROL W R. Using the Haddon matrix: introducing the third Dimensions [J]. Inj. Prev. 1998 (4): 302 – 307.

[12] Lawrence A C. Human error as a cause of accidents in gold mining [N]. Journal of safety research.

[13] Anderson R. The role of accident logy in occupational accident research [N]. Arbeteo chhalsa.

[14] BENNER L. Safety, risk and regulation [Z]. 1972.

[15] JOHNSON W C. MORT: The management oversight and risk tree [J]. Journal of Safety Research.: 4 – 15.

[16] ADAMS J G U. Smeed's law: some further thoughts [J]. Traffic Engineer & Control, 1987 (2): 17 – 19.

[17] BOWMAN B L, VECELLIO R L, MIAO J. Vehicle and Pedestrian Accident Models for Median Locations [J]. Journal of Transportation Engineering. 1995, 121 (6): 531 – 537.

[18] BONNESON J A, MCCOY P T. Effect of Median Treatment on Urban Arterial Safety [C]. Transportation Research Record. 1997, 1581: 27 – 36.

[19] MOUNTAIN L, FAWAZ B, JARRET D. Accident Prediction Models for Roads with Minor Junctions [J]. Accident Analysis and Prevention. 1996, 18 (6): 695 – 707.

[20] ZAID S, TAREK S, MAVIS J. Factors Affecting the Safety of Urban Arterial Roadways [C]. Transportation Research Board 2000 Annual Meeting CD – ROM.

[21] GIRMA B. Models Relating Traffic Safety with Road Environment and Traffic Flows on Arterial Roads in Addis

Ababa [J]. Accident Analysis and Prevention. 2004, 36: 697 - 704.

[22] THOMAS F G, WILFRED W R. A Method for Relating Type of Crash to Traffic Flow Characteristics on Urban Freeways [J]. Transportation Research Part A. 2004, 38: 53 - 80.

[23] PERSAUD B N, NGUYEN T. Disaggregate Safety Performance Models for Signalized Intersections on Ontario Provincial Roads [J]. Transportation Research Board, 1998, (1635): 113 - 120.

[24] SHANE T, ALAN N. Intersection accident estimation: the role of intersection location and non - collision flows [J]. Accident Analysis and Prevention, 1997, 30 (4): 505 - 517.

[25] SAWALHA Z, SAVED T. Evaluation Safety of Urban Arterial Roadways [J]. Journal of Transportation Engineering, 2001, 127 (2): 151 - 158.

[26] AL - DEEK H, ISHAK I, RADWAN A E. The Potential Impact of Advanced Traveler Information (ATIS) on Accident Rates in an Urban Transportation Network [A]. In Proceedings of the IEEE, Vehicle Navigation and Information Systems Conference [C]. 1993.

[27] MAHER M, SUMMERS G I. A Comprehensive Accident and travel time minimizing routing patterns in congested networks [J]. Traffic Engineering and Control, 1993, 34 (9): 414 - 421.

[28] BURROW, L J, TAYLOR M C. Network Safety Management - A Quantitative Approach [A]. In Proceedings of the 23rd European Transport Forum [C]. 1995.

[29] DOMINIQUE L, BHAGWANT N. Persaud. Estimating the safety performance of urban road transportation networks [J]. Accident Analysis and Prevention, 2004, 36 (4): 609 - 620.

[30] ALIREZA H. Accident Prediction Models for Safety Evaluation of Urban Transportation Network [D]. Toronto: University of Toronto, 2002.

[31] 隋鹏程, 陈宝智, 隋旭. 安全原理 [M]. 北京: 化学工业出版社, 2005.

[32] 唐铮铮, 张铁军, 何勇. 道路交通安全评价 [M]. 北京: 人民交通出版社, 2008.

[33] BELANGER C. Estimation of Safety of Four - Legged Unsignalized Intersections [J]. Transportation Research Board, 1994, (1467): 23 - 29.

[34] GREIBE P. Accident prediction models for urban roads [J]. Accident Analysis and Prevenoon, 2003, 35 (2): 273 - 285.

[35] LAYFIELD R E, SUMMERSGILL I, HALL R D, et al. Accidents at Urban Priority Crossroads and Staggered Junctions [M]. [sl]: TRL Report, 1996.

[36] 刘强, 陆化普, 等. 我国道路交通事故特征分析与对策研究 [J]. 中国安全科学学报, 2006 (6): 75 - 78.

[37] 刘志强, 蔡策, 童小田. 我国道路交通安全现状分析 [J]. 公路交通科技, 2001 (4): 17 - 20.

[38] 龚标, 赵斌. 我国道路交通安全规划基本框架研究 [J]. 中国安全科学学报, 2006 (4): 110 - 113.

[39] 贾守镇, 李兆鹏, 陈思源, 等. 关于 Smeed 模型的使用性探讨 [J]. 西安公路交通大学学报. 1998, 18 (3B): 276 - 279.

[40] 吉小进, 方守恩, 黄进. 高速公路基本路段 V/C 比与事故率的关系 [J]. 公路交通科技, 2003, 20 (1): 122 - 124.

[41] 李娟, 邵春福. 基于 BP 神经网络的交通事故预测模型 [J]. 交通与计算机, 2006, 24 (129): 34 -

37.

[42] 黄小娟,徐亚国. 广州市交通事故预测数学模型[J]. 交通管理. 1998,(2) 276 – 279.

[43] 李相勇,张南,蒋葛夫. 道路交通事故灰色马尔可夫预测模型[J]. 公路交通科技,2003(4):98 – 100,104.

[44] 刘志强. 道路交通事故预测方法比较研究[J]. 交通与计算机,2001(5):30 – 32.

[45] 张春平. 城市道路交叉口条件与交通安全[D]. 上海:同济大学,1992.

[46] 刘小明,任福田,等. 城市交通事故生成规律研究[J]. 中国公路学报,1995(增1).

[47] 苏梁,邵东. 灰色理论在交通事故预测的应用[J]. 重庆交通大学学报,2008(3):446 – 448.

[48] 世界卫生组织. 世界预防道路交通伤害报告[M]. 北京:人民卫生出版社,2000.

[49] 中华人民共和国公安部,道路交通事故统计年鉴[R].2006.

[50] Jacobs G, Aeron Thomas A, A Estimating global road fatalities [R]. Crowthorne, Transport Research Laboratory, 2000 (TRL Report, No.445).

[51] 巴布可夫. 道路条件与交通安全[M]. 上海:同济大学出版社,1990.

[52] TON H. Land use planning in safer transportation network planning [R], SWOV Publication D – 2001 – 12.

[53] 刘大椿. 科学技术哲学导论[M].2 版. 北京:中国人民大学出版社,2005.

[54] 成卫. 城市道路交通事故与交通冲突技术理论模型及方法研究[D]. 长春:吉林大学,2004.

[55] 祝微,关敬文,曾岚. 城市交通网络事故预测分析方法综述[J]. 交通标准化,2006(9):175 – 178.

[56] MILLOT M. Urban Growth, Travel Practices and Evolution of Road Safety [J]. Journal of Transport Geography. 2004, 12: 207 – 218.

[57] NOLAND R B, QUDDUS M A. A Spatially Disaggregate Analysis of Road Casualties in England [J]. Accident Analysis and Prevention, 2004, 36: 973 – 984.

[58] JAKE K, BRYAN K A. Explicit Consideration of Safety in Transportation Planning and Project Scooping [C]. Transportation Research Board 2004 Annual Meeting CD – ROM.

[59] LORD D, PERSAUD B N. Estimating the Safety Performance of Urban Road Transportation Network [J]. Accident Analysis and Prevention, 2004, 36: 609 – 620.

[60] 张铁军,唐铮铮. 交通事故研究中数据采集与分析[J]. 公路交通科技,1998,Vol22.No8:139 – 142.

[61] 杨涛. 我国城市道路网体系基本问题与若干建议[J]. 城市交通,2004(2):75 – 77.

[62] 孟祥海. 规划阶段城市干道网潜在事故多发点鉴别及改善研究[D]. 长春:吉林大学,2007.

[63] 吉小进,方守恩,黄进. 高速公路基本路段 V/C 比与事故率的关系[J]. 公路交通科技,2003,20(1):122 – 124.

[64] 李娟,邵春福. 基于 BP 神经网络的交通事故预测模型[J]. 交通与计算机,2006,24(129):34 – 37.

[65] 裴玉龙. 道路交通安全[M]. 北京:人民交通出版社,2004.

[66] 裴玉龙,马骥. 道路交通事故道路条件成因分析及预防对策研究[J]. 中国公路学报,2003,16(4):78 – 81.

［67］蔡军．交通事故发生规律与城市道路系统的规划设计研究［J］．中国安全科学学报，2005（4）：16－20．

［68］刘小明，段海林．平面交叉口交通安全评价［J］．人类工效学，1997，3（1）：49－53．

［69］孟祥海，裴玉龙．哈尔滨市区交通事故分析［J］．哈尔滨建筑大学学报，1999，32（4）：112－116．

［70］姚智盛，邵春福，龙得璐．基于粗糙集理论的路段交通事故多发点成因分析［J］．中国安全科学学报，2005，15（12）：107－109．

［71］张春平，景天然．城市道路交叉口交通安全评价研究［J］．同济大学学报，1994，22（1）：47－52．

［72］赵建有，杨雪峰．城市道路平面交叉口安全评价指标的研究［J］．长安大学学报，2003，20（3）：59－62．

［73］张苏，尹小平．交通安全城市分级评价标准的探讨［J］．人类工效学，1997，3（4）：57－59．

［74］刘舒燕．用层次分析法评价道路交叉路口安全通行措施［J］．交通科技，2000，4：25－27．

［75］程文，郭忠印．事故再现模拟在道路交叉口安全改造中的应用［J］．上海公路，2002，2：31－33．

［76］梁夏，郭忠印，方守恩．道路线形与道路安全性关系的统计分析［J］．同济大学学报，2002，30（2）：203－206．

［77］兰志雄，宋继宏，陈永胜，等．道路设计与规划的安全研究［J］．华东公路，2001，6：68－74．

［78］罗江涛，刘小明，任福田．北京市道路交通安全分析及评价［J］．中国公路学报，1995，8（1）：137－141．

［79］成卫，丁同强，李江．道路交叉口交通冲突灰色评价研究［J］．公路交通科技，2004，21（6）：97－100．

［80］刘志强．道路交通安全研究方法［J］．中国安全科学学报，2000，10（6）：14－18．

［81］陈永胜，刘小明．道路安全设计理论体系回顾与展望［J］，北京工业大学学报，2001（3）：1－3．

［82］PERKINS S R, HARRIS J I. Traffic conflict characteristics: Accident Potential at intersection［J］. Highway Research Record, 1968, 225: 35－43.

［83］GLAUZ W D, MIGLETZ D J. Application of traffic conflict analysis at intersections［R］. National Cooperative Highway Research Program Record, 1980.

［84］张苏．中国交通冲突技术［M］．重庆：西南交通大学出版社，1998．

［85］韩直．交叉口的冲突与交叉口的信号化［J］．西安公路学院学报，1990（2）：25－27．

［86］韩直．无控制交叉口的交通冲突次数的计算方法［J］．重庆交通学院学报，1989（4）：3－6．

［87］张树升．张晓燕．无信号交叉口冲突与延误的研究［J］．西安公路学院学报，1989（9）：45－48．

［88］王海星，肖贵平．基于交通量的平面信号控制交叉口交通冲突模拟研究［J］．中国安全科学学报，2004（3）：

［89］刘小明，任福田．平面交叉口交通冲突技术研究［J］．北京工业大学学报，1997（9）：29－34．

［90］蒲文静．城市道路平面交叉口交通安全设计研究［D］．2004．

［91］成卫，丁同强，李江．道路交叉口交通冲突灰色评价研究［J］．公路交通科技，2004，6：97－100．

［92］徐宝龙，杨春东．道路条件与交通安全关系研究［J］．河北工业大学成教育学院学报，2001，3（16）：17－19．

［93］景春光，王殿海．典型交叉口混合交通冲突分析与处理方法［J］．土木工程学报，2004，6（37）：

97-100.

[94] 刘小明，段海林. 平面交叉口交通冲突概率模型及安全评价标准 [J]. 交通工程，1997（1）：58-60.

[95] 克列斯特·海顿. 交通冲突技术 [M]. 重庆：西南交通大学出版社，1994.

[96] Gerald. R. BROWN. ROLE OF CONFLICTS IN TRAFFIC ANALYSIS [D]. TRB2000.

[97] 夏绍玮，杨家本，杨振斌. 系统工程概论 [M]. 北京：清华大学出版社，1995.

[98] 项君乔，陆键，卢川，等. 道路交通冲突分析技术及应用 [M]. 北京：科学出版社，2008.

[99] 罗石贵，周伟. 路段交通冲突技术研究 [J]. 公路交通科技，2001（1）：9-11.

[100] 任福田，刘小明，段海林. 平面交叉口交通冲突技术标准化研究 [J]. 北京工业大学学报，1997（9）：37-40.

[101] 王炜，等. 公路无控交叉口通行能力研究 [M]. 北京：人民交通出版社，2003.

[102] 蒲文静. 城市道路平面交叉口交通安全设计研究 [D]. 上海：同济大学，2004.

[103] 高海龙，王玮等. 无信号交叉口临界间隙的理论计算模型 [J]. 中国公路学报，2001（4）：35-37.

[104] Tarek Sayed, Sany Zein. Traffic Conflict Models and Standards for Signalized and Unsignalized Intersections [M]. 2nd Transportation Specialty Conference, June 10-13, 1998, Halifax, Nova Scotia, Canada.

[105] 袁黎，陆键，项君乔，等. 公路平面交叉口安全诊断技术的研究 [J]. 交通运输系统工程与信息，2006（6）：104-107.

[106] 袁黎，陆键，王文卿. 公路平面交叉口安全诊断方法研究 [J]. 道路交通与安全，2006（9）：29-32.

[107] 潘福全，陆键，项君乔，等. 无信号平面交叉口安全服务水平计算模型 [J]. 交通运输工程学报，2007（4）：104-111.

[108] 杜博英. 交通事故与车速建模 [J]. 公路交通科技，2002（6）：28-30.

[109] 王岩，杨晓光. 城市道路主动交通安全规划体系 [J]. 系统工程，2006（1）：15-17.

[110] AMUNDSEN A H, ELVIK R. Effects on Road Safety of New Urban Arterial Roads [J]. Accident Analysis and Prevention, 2004, 36: 115-123.

[111] MILLOT M. Urban Growth, Travel Practices and Evolution of Road Safety [J]. Journal of Transport Geography, 2004, 12: 207-218.

[112] NOLAND R B, QUDDUS M A. A Spatially Disaggregate Analysis of Road Casualties in England [J]. Accident Analysis and Prevention, 2004, 36: 973-984.

[113] JAKE K, BRYAN K A. Explicit Consideration of Safety in Transportation Planning and Project Scooping [C]. Transportation Research Board 2004 Annual Meeting CD-ROM.

[114] DOMINIQUE L, BHAGWANT N P. Estimating the Safety Performanceof Urban Road Transportation Network [J]. Accident Analysis and Prevention. 2004, 36: 609-620.

[115] SWOV. Access management in Safer Transportation Network Planning [R]. D2001-10.

[116] SWOV. Route management in Safer Transportation Network Planning [R]. D2001-11.

[117] SWOV. Land use planning in Safer Transportation Network Planning [R]. D-2001-12.

[118] SWOV. Intersection planning in Safer Transportation Network Planning [R]. D-2001-13.

[119] YASUTSUGU N, HWANG J. Evaluation on the district with arranged road network given priority to bicycle from the viewpoint of CO_2, safety and accessibility, Papers on city planning, No. 36, 2001, pp. 547–552.

[120] TAREK S, PAUL DE L. developing a systematic framework for proactive road safety planning [A]. 13th IC-TCT workshop [C].

[121] PAUL DE L. Improved approaches to manage road safety infrastructure [D]. Vancuver: University of British Columbia, 2001.

[122] LUCIA M, MARIA V. Town and infrastructure planning for safety and urban quality for pedestrians [R]. Univ. of Roma, 2000.

[123] FHWA. Synthesis of Safety Research Related to Speed, Publication No. FHWA–RD–98–154.

[124] 刘运通. 道路交通安全指南[M]. 北京: 人民交通出版社, 2004.

[125] 裴玉龙. 道路交通事故成因分析及预防对策研究[D]. 南京: 东南大学, 2002.

[126] 郭忠印, 等. 道路安全工程[M]. 北京: 人民交通出版社, 2005.

[127] AERON–THOMAS A, DOWNING AJ, GD Jacobs et al. Review of road safety management practice (Final report) [R]. TRL Limited with Ross Silcock, Babtie Group Ltd, 2003.

[128] KOORNSTRA M, L D, NILSSON, G, et al. A comparative study of the development of road safety in Sweden, the United Kingdom, and the Netherlands [R]. SWOV, 2002.

[129] TRL. Research on Road Safey [M]. London: Her Majesty Stationary Office, 1963.

[130] BOTHA G. measuring road traffic safety performance [A]. 4th SA–China Transport Technology forum.

[131] RTR. road safety principles and models executive summary and policy conclusions [R].

[132] 沈斐敏. 安全系统工程理论与运用[M]. 北京: 煤炭工业出版社, 2001.

[133] 肖贵平, 朱晓宁. 交通安全工程[M]. 北京: 中国铁道出版社, 2003.

[134] OECD. road safety principles and models: review of descriptive, predictive, risk and accident consequence models [R]. 1997, Paris.

[135] GÖRAN T. An analysis of Urban Road Traffic Safety in the city of Stockholm – The use of aggregate time–series models with the TRIO program [A]. 11th International Conference: traffic safety of three continents. 2000, CSIR Conference Centre Pretoria, South Africa.

[136] MARC G. DRAG Model–based Aggregate Road Safety Targeting and Policy Evaluation in Quebec [R]. Publication AJD–86, Université de Montréal. 2005.

[137] FHWA. Transportation Planner's Safety Desk Reference [R]. FHWA–HEP–07–005.

[138] WANG Y, WANG L. Autonomous Vehicles' Performance On Single Lane Road: A Simulation Under VISSIM Environment [A]. Proceedings: 2017 10th International Congress on Image and Signal Processing, BioMedical Engineering and Informatics [C].

[139] WANG Y. Potential Traffic Conflict Prediction Model Considering Interaction of Conflict Spots in Unsignalized Intersection [A]. Proceedings of the 17th COTA International Conference of Transportation Professionals [C].

[140] JUTAEK O, JOONYOUNG M, MYUNGSEOB K, et al. Development of an Automatic Traffic Conflict Detection System Based on Image Tracking Technology. Transportation Research Record Journal of the Transporta-

tion Research Board. 2009, 2129 (2129): 45 – 54.

[141] KARIM I, TAREK S, NICOLAS S. Automated Analysis fo Pedestrian – Vehicle Conflicts Using Video Data. www. researchgate. net/profile/Nicolas_ Saunier/publication/242725970_ Automated_ Analysis_ of_ Pedestrian – Vehicle/links/552cd5de0cf29b22c9c472bf. pdf. Accessed June 20, 2016.

[142] DOUGLAS G, LILI P, TAREK S, et al. Surrogate Safety Assessment Model and Validation: Final Report. Publication No. FHWA – HRT – 08 – 051. Federal Highway Administration (FHWA): Washington, D. C., 2008.

[143] HUANG F, LIU P, YU H, et al. Identifying if VISSIM simulation model and SSAM provide reasonable estimates for field measured traffic conflicts at signalized intersections [J]. Accident Analysis and Prevention. 50 (2013) 1014 – 1024.

[144] ANDERSON J M, NIDHI K, KARLYN D. Stanley, Paul Sorensen, Constantine Best Realize Its Social Benefits [R]. Rand Corporation, Santa Monica, Calif. 2014.

第 3 章
道路交通安全过程分析

3.1 对道路交通安全的再认识

3.1.1 道路交通安全的定义

道路交通安全是现代道路交通系统面临的最大问题和挑战之一。然而，对于什么是道路交通安全、如何评价道路交通安全却存在许多不同的观点。

最常见的一种观点是将"道路交通安全问题"与"道路交通事故"等同起来。在目前的道路交通安全研究中，持有这一观点的人不在少数。例如，经常可以看到一些道路交通安全研究，却没有对"道路交通安全"这一概念进行界定和分析，通篇都是围绕"道路交通事故"展开，以"道路交通事故"的概念偷换了"道路交通安全"的概念。另外一种常见的观点认为，道路交通安全由道路交通事故表征。道路交通事故多，表明道路交通系统的安全性就差，道路交通事故少，表明道路交通系统的安全性就好。

上述观点从某一个角度阐述了道路交通安全的某些特征，然而却失之偏颇。

安，从"女"在"宀"下，表示无危险。全，原指纯色无瑕的玉，引申为"完美，完整，完备，齐备"。《现代汉语词典》对"安全"的解释是：不受威胁，没有危险、危害、损失。英文为 safety。可见，词典中对"安全"的解释包含两层含义：安 + 全，分别对应于状态 + 结果，二者缺一不可。

(1) 绝对安全观

最初，人们对安全的理解过于绝对化。在绝对安全观中，安全指没有危险，不受威胁，不出事故，消除了一切能导致人员伤害、发生疾病、死亡或造成设备财产破坏、损失以及危害环境的条件，不存在危险和风险。《现代汉语词典》中的解释实质是"绝对安全观"的体现。绝对安全观认为发生伤害和损失的概率为零，这在现实生产系统中是不存在的，它是安全的一种极端理想的状态。由于绝对安全观过分强调安全的绝对性，使其应用范围受到了很大的限制，特别是在应用于交通安全分析时更是如此。

(2) 相对安全观

在现代的安全科学研究中，为大家普遍接受的是"相对安全观"，即认为安全是相对的，绝对安全是不存在的。安全就是被判断为不超过允许极限的危险性，也就是指没有受到损害的危险或损害概率低的通用术语。对道路交通安全进行客观分析和评估工作,通常称为道路交通安全评价。

借用这一概念,本书对"道路交通安全"的定义为:在交通系统运行过程中,交通事故威胁低的状态和人身伤害、财产损失小的结果。可见,道路交通安全实质是对道路交通过程中状态和结果的总体描述。我们平常所说的"交通安全问题",实质上指交通运行过程中存在交通事故威胁大和人身财产损失大的缺陷。所谓"交通安全改善",就是要减低交通事故的威胁(或者说发生概率),减小交通事故损失。

需要明确的是,"安全"在中文里,既是名词,又可作形容词。作为名词,是对某一对象概念的描述;作为形容词,是对某一对象属性的描述。"安全"一词作为形容词使用时,"交通安全"实际是"交通安全性好"的缩略语,是对道路交通安全事件其过程中状态和结果的正面评价。此时,交通安全的反面是"交通危险"。根据安全科学的理论,风险用于描述系统的危险程度,可以看成是一个系统内有害事件或非正常事件出现可能性及危害后果的组合。因此,"交通安全性"的客观评价可以采用"交通风险"来描述,有如下公式:

$$交通风险(\text{Risk of Traffic}) = f(交通事故概率 P,交通事故损失 L) \quad (3.1)$$

3.1.2 道路交通安全的特性

现在一个普遍存在的现象:许多城市都乐观地预期着城市机动化程度的提高,对私人汽车普及热潮带动上游产业、促进城市发展的好处深信不疑。同时,很多城市规划、管理的决策层持有这样的观点:交通事故与交通系统的构建无关,因而他们总是倾向于把交通安全问题与造成交通安全问题的政策分开考虑。一般认为,道路交通事故是一个微观随机事件,其发生与交通参与者的失误以及交通工具、道路及附属设施、交通环境的缺陷直接相关。如果上述不和谐因素得到纠正或改观,交通事故可以逐步下降以至于逐步实现零死亡。

这种观点的核心在于,认为交通事故的发生是交通系统要素(通常指人、交通工具、道路、交通环境)的不正常状态或内在缺陷所造成的。

从交通安全事故形成的微观角度看,上述观点无疑是有其正确性的。然而,从系统论的观点来看,一个系统的属性,不仅与系统本身组成要素有关,还与系统内诸要素的组织结构形式和相互关系有关。就像复杂性、随机性、不确定性是交通系统的固有属性一样,我们同样可以认为,风险性也是交通系统的固有属性之一。

风险性是交通系统固有属性的观点,也可表述为:交通要素的缺陷是交通事故发生的直接原因,交通系统本身的特点和属性对交通事故风险产生影响。

针对上节的定义,结合一些文献对安全的描述,我们对于道路交通安全可以有以下认识:

● 道路交通安全不是瞬间的结果,是对交通系统在某一时期某一阶段过程状态和结果的描述。

● 既然道路交通安全是一个过程,必然是在时间轴上表现为一段延续的时间,在空间轴上表现为一段延续的空间,在逻辑轴上表现为一个从正常到非正常状态的转移历程。而且,在转移过程中的每一个阶段,均有其相应的输入、输出和过程参量。交通安全的研究,不能只关注最终的结果,而应该对安全过程中的每一阶段进行研究。

- 交通事故并不是安全过程的全部内容,而只是这一过程中某些瞬间突变结果的最终外在表现形式之一。其他外在表现形式还包括:遭遇、冲突、避险、延误等。因此,研究道路交通安全,不应当只关注道路交通事故数据。
- 道路交通安全的客观描述是交通风险。不同时间、不同地域、不同的评价主体,可接受的道路交通事故风险水平是不同的,因而衡量道路交通安全的主观标准也是不同的。
- 道路交通安全是对整个道路交通系统而言的,是一个系统层面的概念。道路交通的根本目的是实现人和物的空间位移。我们在研究道路交通系统时,强调应以整体交通出行而不是机动车出行作为系统的优化对象。同样,研究道路交通安全不能只关注机动车的交通事故率,而应考虑使交通出行的风险最小化作为系统的优化目标。
- 道路交通安全的最终目的是减少道路交通事故风险。道路交通事故风险无法绝对消除,因而绝对安全是不存在的。

3.2 主动交通安全思想

3.2.1 传统交通事故研究方法的缺陷

传统道路交通安全研究将重点放在对道路交通事故的分析和预防上。这一方法在实际中的运用效果是直接的、有效的。然而,面向道路交通事故的研究方法也存在一些缺陷。

(1) 交通事故无法反映交通安全的全过程

道路交通事故是在道路交通安全与不安全这一对矛盾斗争过程中某些瞬间突变结果的极端外在表现。道路交通事故可以表达出交通系统安全性的某些特征,但道路交通事故绝对不是道路交通安全的全部。由于交通系统的复杂性,交通系统的不安全因素也呈现高度复杂性。这些因素既可能是直接的,也可能是间接的;既可能是外在的,也可能是潜在的;既可能是单因素的,也可能是复合的。分析道路交通事故只能发现交通系统中直接作用于事故的某些不安全因素,但是系统中更多潜在的、暂时尚未通过道路交通事故表现出来的不安全因素却无法展现。因此,仅仅依靠分析道路交通事故,往往找到的只是部分直接原因,而那些潜在原因和间接原因难以发现和根治。

(2) 交通事故是小概率随机事件

在式 3.1 的交通风险计算公式中,交通事故概率指单位交通总量下交通事故的数学期望。而道路交通事故是典型的小概率随机事件,服从某种分布,因而观测到的交通事故频数波动是非常正常的现象。如果简单地采用道路交通事故次数或事故率作为判定道路安全的标准,则会造成一定的误导。这方面一个典型的案例来自美国旧金山 1000 多个路口的安全调查结果。在这个调查中,研究人员发现,即使在没有实施任何改进措施的背景下,高事故发生率的地点会产生下一年道路交通事故次数下降的结果,研究者认为,这是道路交通事故随机波动，以及驾驶人对于事故多发地点的本能的谨慎所导致的，它不能说明这些交叉口的安全性已经实质性地得到改善，因为若干时段后其道路交通事故次数还有回升。要获得统计学上有意义的历史道路交通事故期望值，必须要有相当长时间的事故统计数据作为支撑。

为了增加事故观察值，必须进行很多年的交通事故数据收集（如 5~10 年的交通事故数据）。但是，长周期的事故统计又带来了其他一些问题。

首先，若研究时间过长（如 5~10 年），将意味着在这一时间周期中的各种交通因素将发生变化。例如，交通流量和特性、交通环境、交通管理方式和手段将发生变化，甚至交通行为特征也将发生变化。我国当前正处于快速的城市化进程中，这种变化显得尤其剧烈。以湖南省长沙市为例，1998—2007 年，全市机动车保有量年均增长率达到 14.5%，2007 年，主要道路的交通流量比 1998 年平均翻了一倍。

因此，交通事故研究往往面临一个两难局面：一方面研究时间太短，无法收集到足够满足要求的交通事故数据；另一方面，当收集到足够数量并且可靠的事故资料时，如果交通系统发生了变化，即使对原系统的评价和分析可靠，其数据的有效性和实际应用价值也丧失了。

（3）难以得到精确的交通事故统计数据

在我国，负责收集道路交通事故数据的有公安交警、保险、医疗卫生、安监等多个部门。因为体制、渠道、标准、管理方式、统计口径乃至人员素质的差异，很难得到精确的道路交通事故统计数据。

例如，2002 年我国全年的道路交通事故死亡人数，公安部的统计数据和 WHO 通过医疗系统收集的数据相差达到 2.5 倍以上。即使在同一系统内部，统计数据的准确性也受到多方影响。根据研究，某市十年内的事故统计漏报率平均超过了 70%。完全基于此类不精确的道路交通事故数据进行研究，其准确性和可靠性难以得到保证。因此，不能将交通事故数据作为唯一的研究依据。

（4）交通事故统计数据不能满足研究需求

现有的交通事故统计资料，来源于公安交警、公路路政、保险、医疗卫生、安监等多个部门。这些部门对事故进行调查统计时，主要关注的是本部门的需求，并不是专为交通安全研究而设立的，因而许多时候很难从统计资料中找到符合研究需要的数据。

以最常见的交警部门交通事故统计数据为例，其调查的最主要目的是从法律的观点去寻找当事人在事故中的违法行为，以便确定交通事故责任，从而进行交通事故损害赔偿的责任划分。因此，许多交通事故过程的重要环节，如道路潜在缺陷、人-车-路之间的复杂互动过程等都被忽略了。其次，交警部门推行的"交通事故快速处理"鼓励当事人自行协商解决一些轻微事故，并不将其纳入统计数据。而"轻微事故"的界定本身就遇有模糊性。再次，交警部门对事故进行调查时，当事人出于自我保护和逃避责任的目的，往往故意模糊和歪曲交通事故发生过程中的事实。很多时候，由于缺乏相关证人和其他证据，这些事实难以得到真正的确认。

（5）道路事故研究的"被动性"

即便是收集的道路交通事故统计数据能满足上述要求，也无法改变此方法的根本缺点：被动性。其最大的问题在于，道路交通事故发生后，人员已经伤亡，损失已经造成，这一事实已经无法挽回。待到道路交通事故已经造成了巨大的人员和经济损失后，再采取补救措施，社会和经济成本太高。

3.2.2 主动安全理念的出现

实际上，人们很早就注意到，提高交通系统的安全性的最好办法，是将道路交通事故消灭在萌芽中，即所谓的"道路交通事故预防"。为此，人们从人、车、路、环境等角度，就"事故预防"进行了大量研究和探索。

"道路交通事故预防"虽然具有主动道路交通安全的某些特征，但是，正如 3.1 节所说，其仍然局限于道路交通事故直接相关因素的研究上，缺乏对道路交通安全系统本身的系统构成、逻辑结构和输入、输出关系的把握。

例如，从事道路设计的学者做了大量道路线形与道路交通事故关系的研究，但是对如何利用现代智能交通技术，实现车路协调下的道路交通安全，却研究甚少。从事道路交通安全研究的学者对交通状态（流量、车速、车种等）与道路交通事故的关系进行了大量的理论研究与实际调查，但是对如何从源头上调整出行发生和分布，改变道路上交通流状态，从而改善道路交通安全水平也缺乏研究。以交警为代表的交通管理部门，基于道路交通事故处理和责任认定的需要，主要关注道路交通事故的人为因素。公安部提供的统计数据显示，人为原因造成的道路交通事故占到了 95% 以上。显然，这一结论与实际并不相符。

最早明确提出"主动道路交通安全"这一概念并充分加以利用的，是各大汽车研究机构和厂商。他们依照人机工程学原理，以道路交通事故发生前后为分界点，将汽车上的安全装置划分为"被动安全装置"（如预张紧式安全带、安全气囊、溃缩式车身等）和"主动安全装置"（如 ABS、EBD、TRC、ESP、雷达跟车预警等）。因为主动安全的理念在当下的汽车研制和生产中已非常普及，使得人们普遍形成了一种观念：主动安全主要指汽车的主动安全。显然，这一理解也是不完整的。

3.2.3 主动交通安全思想

按照《现代汉语词典》的定义，"过程"指事物发展所经过的程序或阶段；"主动"指能够造成有利局面，使事情按照自己的意图进行。

从上述定义可见，所谓主动，实际上是对事物发展的过程而言的。一个事物的发展过程（逻辑过程、空间过程、时间过程等）如果可以分为几个阶段，那么，依照顺序，前一阶段是后一阶段的输入，后一阶段是前一阶段的输出。从某一阶段的输入，追溯到前一阶段的输出，并通过改变前一阶段的输入和系统状态，对事物的发展过程发生影响，可以称之为一个主动的上行过程。从某一阶段的输出，延续到其后一阶段的输入，通过改变后一阶段系统状态和输出，从而对事物的发展过程发生影响，可以称之为一个主动的下行过程。一正一反，构成一个循环，从而构成一个完整的"主动过程"，如图 3.1 所示。上述过程中所遵循的思想，可称之为"主动思想"。与主动过程相对应的是，如果仅仅局限于对某一阶段的过程和结果进行分析，那么就称之为被动的过程。可见，主动和被动只是一个相对的概念。

哲学原理告诉我们，事物是普遍联系的。主动思想实质上是普遍联系原理在过程分析中的应用。如果按照过程分析的方法，将一个过程拆分为若干子过程，并在子过程中应用主动的思想，可称为主动思想在深度（内涵）上的扩展。如果按照过程分析的方法，循过程的输入或输出方向进行扩展，并对新扩展的过程应用主动思想，可称为主动思想在广度（外延）上的扩展。

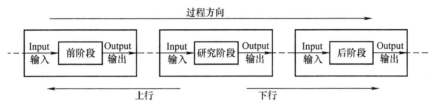

图 3.1　主动过程

主动思想可以应用到交通研究中的各个过程中。如前文所述，交通安全是对过程的描述。因此，将主动的思想应用到交通安全过程，即为主动道路交通安全思想：在对道路交通安全过程机理进行解析的基础上，针对过程中的每一个环节（或子过程），对其输入、输出和状态参量进行控制和调整，从而降低道路交通安全风险。换言之，主动交通安全是对交通事件风险和可能损害后果的发展过程进行主动控制，使之朝着安全的方向演化。

"主动"思想对道路交通安全研究尤为重要。因为和其他过程不同，交通安全过程是不可逆的。主动交通安全，是为了降低道路交通事件风险及其可能的损害后果，而不是被动地放任道路交通事故已经发生后再采取措施。

3.2.4　主动交通安全的维度

主动道路交通安全是面向过程的。因此，依据对交通安全事件过程分析方法的不同，可以分别将上述过程在多个维度上展开。最常见的交通安全事件过程分析维度包括时间维度、空间维度和逻辑维度。

3.2.4.1　时间维度

道路交通安全研究的时间维度沿道路交通事故链展开，从出行产生开始，依次经过时空遭遇（交通冲突）、交通避险、碰撞接触、交通伤害、事故救援和善后等几个阶段，每个阶段都有相应的道路交通安全策略。在后一个阶段的基础上，向前一个阶段追溯，即包含了主动安全的思想，如图 3.2 所示。

交通冲突技术，实质上就是主动交通安全思想在时间维度上的应用之一。

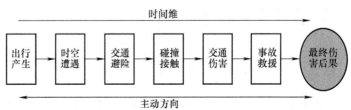

图 3.2　时间维度上的主动交通安全

3.2.4.2 空间维度

道路交通的时间与空间维度是一一对应的。特定的交通对象在特定的时间范围内必然对应特定的空间范围。因此，交通安全的时间过程同样可以映射为空间过程。以快速路匝道与主线的合流安全过程为例，如仅仅考虑入口匝道的汇入段，还停留在被动安全的状态。应用主动安全的思想，从空间上看，对匝道车辆，其空间安全过程依次是入口匝道与地面道路连接点、入口匝道、入口匝道加速段、入口匝道汇入段；对主线车辆，其安全过程依次是主线近入口匝道段、主线与入口匝道交织段。对交织段事故发生后的救援，还涉及设置避险车道和救援资源空间布局的问题，如图3.3所示。

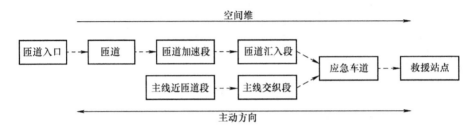

图3.3 主动安全思想在快速路入口匝道空间维度上的应用

3.2.4.3 逻辑维度

从逻辑上说，主动安全研究的对象，不但是与引发道路交通事故有直接关系的因素，以及对道路交通事故形成有间接关系的因素，还包括系统内对道路交通安全属性有影响的各类潜在性因素。例如，正常运行状况下的交通，即可以认为存在着与道路交通安全有关的潜在因素，如交通量、交通方式等。一旦发生紧急情况或道路交通事故，这些交通因素就会对道路交通事故的形成及后果产生间接的影响，因此也属于主动道路交通安全研究的对象，如图3.4所示。

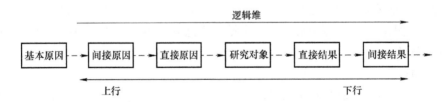

图3.4 主动交通安全思想在逻辑过程中的应用

3.3 交通安全的时空范围

3.3.1 交通活动与时空关系

哲学原理告诉我们，世界是物质的，物质存在于时间和空间构成的客观世界中。物质的运动造就了时空关系的不断变化，从而推动客观世界的演化和发展。对于客观世界，可以用四维时空描述，即三维立体空间 + 单向一维时间。物质的存在和运动是基于时空的存在和运动。

将上述原理应用到交通系统中，交通活动反映的是交通诸要素在时空关系上的不断变化。对于道路交通而言，其交通活动空间范围一般情况下仅存在于二维平面空间。因此，道路交通活动的世界可以用一个三维时空模型来描述，即二维平面空间 + 一维时间，如图 3.5 ~ 图 3.8 所示。

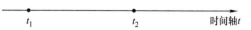

图 3.5　某车辆出行在一维时间轴上的描述

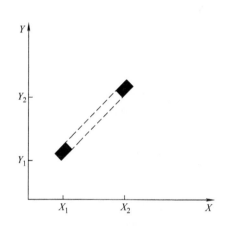

图 3.6　某车辆出行在二维平面空间里的描述

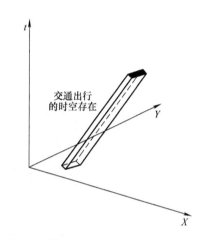

图 3.7　某车辆出行在三维时空里的描述

可见，道路交通活动实质上就是道路交通主体（人或车）出行在三维时空中的客观存在过程。没有脱离空间的道路交通活动，也没有脱离时间的道路交通活动。

因为时空是一体化存在的，故所有交通存在的时空特性均可以分为两大类：时间属性和空间属性。这两种属性同时存在。

3.3.2　交通安全事件的时间与空间

交通安全事件定义为：使交通对象由正常状态向可能发生交通事故的状态转移的事件。需要明确的是，交通安全事件发生的时间和地点是微观的，即在时间维上是一段小的时间片段（Time Split），在空间维上是一个小的地点空间（Spot）。特定的 Time Split 和 Spot 构成了交通安全事件发生的时空范围。实际上，宏观时间维就可以看成 Time Split 的集聚，宏观空间维可以看成 Spot 的集聚。因此，宏观交通时空就可以用无数这样的 Time Split 和 Spot 的组合来描述，如图 3.8 所示。

在特定的 Time Split 和 Spot 时空范围内，交通到达的情况可以用 Arrival 来描述，如图 3.9 所示。

微观交通安全事件是交通安全研究的基本单位。宏观交通安全是微观交通安全事件在时间维度和空间维度上的集聚，如图 3.10 所示。

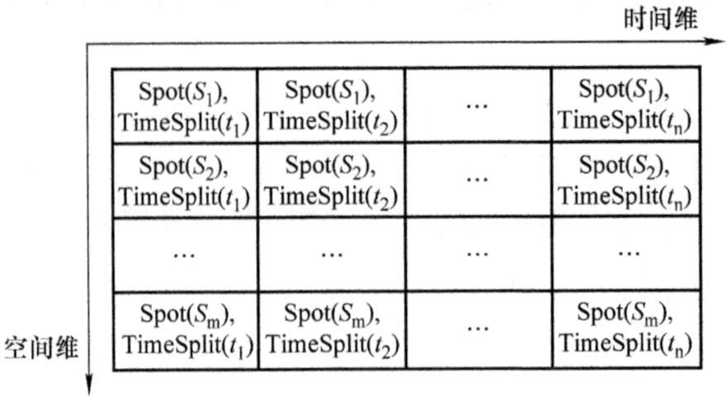

图 3.8　交通时间与空间维

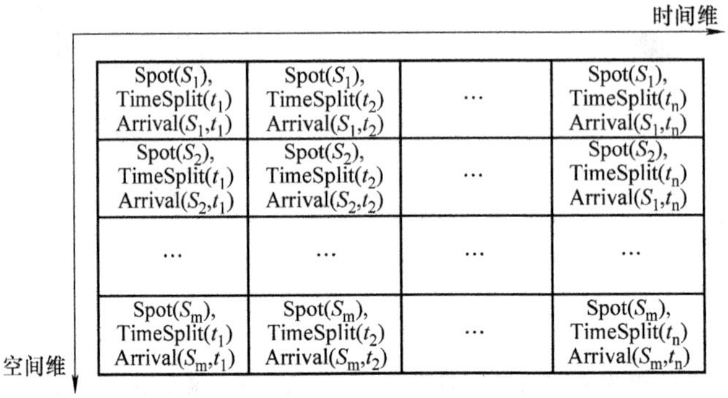

图 3.9　交通到达与时空

以 Consequences 表示地点的交通事件后果，则有：

$$\text{Consequence}(S_i, t_j) = \text{CP}[(S_i, \text{Arrival}(S_i, t_j)] \quad (3.2)$$

式中，S_i 为地点（Spot）特性，t_j 为时间片段（Time Split），Arrival（S_i, t_j）为在（S_i, t_j）内到达的交通。对于同一个地点 S_i，在一段连续的时间内，发生的交通事件后果可描述为：

$$\text{Consequence}(S_i) = \sum_{t_j} \text{CP}[(S_i, \text{Arrival}(S_i, t_j)] \quad (3.3)$$

对某一时间片段 t_j，某区域内发生的交通事件后果可描述为：

$$\text{Consequence}(t_j) = \sum_{S} \text{CP}[(S_i, \text{Arrival}(S_i, t_j)] \quad (3.4)$$

对某一时空范围 S 和 t，发生的交通事件后果可以描述为：

$$\text{Consequence}(S, t) = \sum_{S} \sum_{t} \text{CP}[(S_i, \text{Arrival}(S_i, t_j)] \quad (3.5)$$

上述交通安全事件的时间－空间描述如图 3.10 所示。

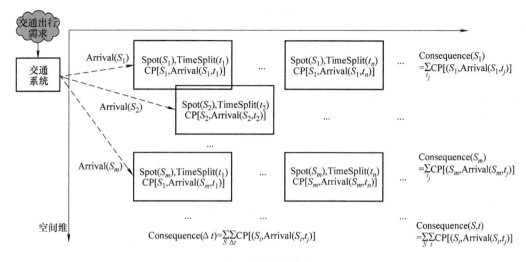

图 3.10 交通安全事件的时间 – 空间

3.4 道路交通安全的 4E 过程

交通安全过程实质是对交通安全事件的过程而言的。对于单个交通安全事件而言，其整个过程都是在特定的（S_i，t_j）时空片段里发生的，并且其发生仅与输入 Arrival（S_i，t_j）以及时空范围（S_i，t_j）内交通系统本身的状态有关，与其他因素无关。

在此，本书提出交通安全 4E 过程的概念。在交通系统从正常状态向可能造成人员伤害和财产损失的非正常状态转移的过程中，可以采用 4 个阶段来描述：暴露阶段（Exposing）、遭遇阶段（Encounter）、避险阶段（Evasion）、能量转移阶段（Energy Transfer）。其中，暴露阶段（Exposing）是将宏观交通出行与微观交通安全事件联系起来的阶段，交通暴露的微观输出 Arrival 是微观交通时空（S_i，t_j）的输入。在交通时空（S_i，t_j）内部，Encounter 阶段、Evasion 阶段和 Energy Transfer 阶段构成交通安全事件的内部过程，每一阶段环环相扣，上一阶段的输出作为下一个阶段的输入。因为上述 4 个阶段每一个阶段开头的英文字母均为 E，故可以简称为 4E 过程，见图 3.11 和表 3.1。

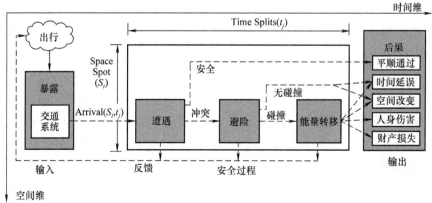

图 3.11 交通安全之 4E 过程分析

表 3.1　交通安全 4E 过程各阶段之输入输出关系

阶段	输入	影响因素	输出
Exposing 暴露阶段	交通出行需求	交通系统	冲突地点的交通到达
Encounter 遭遇阶段	冲突地点的交通到达特性	冲突地点特性	交通冲突/平顺通过
Evasion 避险阶段	交通冲突状态	冲突地点特性 驾驶人特性 车辆特性	碰撞/时间延误/ 空间位置改变
Energy Transfer 能量转移阶段	碰撞	碰撞物理特征 碰撞对象特性 地点交通特性	人身伤害/财产损失

3.4.1　Exposing（暴露）阶段

3.4.1.1　Exposing 阶段的输入输出

在 Exposing 阶段，其输入是交通出行需求（OD），通过交通系统，将交通出行需求转化为具体的交通出行行为。在微观上，Exposing 阶段的输出是每个 (S_i, t_j) 时空范围的交通到达 Arrival (S_i, t_j)，也可以用函数描述：

$$\text{Arrival}(S_i, t_j) = f(\text{Traffic System}, \text{OD}, S_i, t_j) \tag{3.6}$$

Traffic System = {Human, Vehicle, Road Infrastructure, Information, Regulation, ⋯}

并且有：

$$\text{Volume}(S_i) = \int_t \lim_{S_i \to 0} \text{Arrivel}(S_i, t_j) \, dt \tag{3.7}$$

$$\text{Density}(t_i) = \int_S \lim_{t_i \to 0} \text{Arrivel}(S_i, t_j) \, dS \tag{3.8}$$

$$\text{Trips} = \iint_{S\ t} \lim_{\substack{S_i \to 0 \\ t_i \to 0}} \text{Arrivel}(S_i, t_j) \, dS \, dt \tag{3.9}$$

在宏观上，交通暴露 Exposing 阶段的输出即为交通暴露量，用 Exposure 表示。有观点认为，可以用作交通暴露量的参量很多，例如，机动车保有总量、人口数、机动车行驶里程数、交通流量等都可以用作 Exposure。然而，根据前面的分析，交通存在是一个时空运动过程，据此可以认为，仅有交通参与主体（人或车）交通出行存在的次数、交通参与主体（人或车）所经历的累计空间量、交通参与主体（人或车）所经历的累计时间量可以用于直接描述交通暴露量。其他诸如人口数、机动车保有总量等参量只能间接对 Exposure 产生影响。亦即只有交通主体（人或车）出行累计次数、交通主体（人或车）出行累计时间和交通主体（人或车）出行累计距离这三个参数可以用于描述交通暴露量 Exposure。

3.4.1.2　优化交通到达

交通到达 Arrival (S_i, t_j) 是 (S_i, t_j) 时空下微观交通安全事件过程的输入。交通到达的优化有两个层面的内容。

(1) 减少交通到达

交通到达是交通安全事件过程的输入。虽然交通到达与交通事件发生概率无法用简单的线性关系表示，但交通到达与交通安全事件之间存在正向关系是确定的。如果 (S_i, t_j) 时空没有交通到达，也就不会有交通事件的发生。某些时候，交通安全事件（如交通冲突）甚至随交通到达的增加以指数增长，而减少交通到达可以减少交通安全事件发生的概率。由式 3.7~式 3.9 可知，微观交通到达的分布是由宏观交通出行需求和交通系统共同决定的。

在交通安全的宏观模型中，交通暴露量是一个用于描述出行者在道路交通系统中参与交通活动客观存在的多少程度的量。因为道路交通系统总是存在发生交通安全事件的可能性，所以交通出行参与者参与交通活动的程度越高，遭遇交通事故的可能性就越大。例如，专业驾驶人遭遇交通事故的可能性比一般人大，因为他们大部分时间都在道路上驾驶车辆。如果不参与交通，就不会有交通事故的发生。此外，许多交通事故预测模型也揭示了交通流量与交通事故之间的正相关性。因此，在特定的交通系统下，交通安全与交通暴露量（或者说交通出行）间存在正向关系，如图 3.12 所示。这就意味着，交通安全和交通系统的上层规划目标发生了联系。

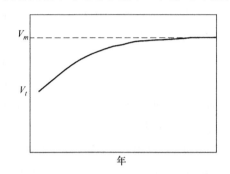

图 3.12　交通出行暴露总量随时间的变化趋势

Oppe 提出，交通出行暴露总量（如年出行车公里数）是一个与时间有关的量，其假设前提是交通流量将随时间的变化以对数函数增长。即：

$$\ln\left(\frac{V_t}{V_m - V_t}\right) = \alpha t + \beta \quad (3.10)$$

也可表示为：

$$V_t = \frac{V_m}{1 + e^{-(\alpha t + \beta)}} \quad (3.11)$$

其中，V_t 是当年的总交通出行暴露量，V_m 是系统可容纳的最大交通出行暴露量。该公式表明，交通出行暴露总量将首先快速增长，最后在接近于饱和时增长逐渐趋于停滞。因此，处于不同发展阶段的各个国家，其增长趋势也是不同的。一般而言，发展中国家增长较快，发达国家增长较慢。

我国正处于经济快速增长时期，城市范围不断扩大，农村人口大量向城市集聚，使得城市交通出行次数、交通出行总公里数和交通出行总时间都呈上升趋势，即交通暴露量不断上升，必然也导致交通安全事件的增加。从这个意义上说，在交通系统安全特性不发生大的变化的情况下，我国现阶段交通事故的上升趋势是不可避免的。

另一方面，减少交通出行暴露量是减少交通安全事件发生的有效措施之一。例如，在所有其他条件均不变的情况下，通过合理的土地利用和交通出行方式调整，使得交通出行总量减少，反映到交通到达上，每个（S_i，t_j）时空的平均交通到达概率也减少，最终使得交通安全事件的发生概率下降。从这个意义上说，交通安全也应该是城市规划和交通规划中应该考虑的目标之一，尽管以往从未明确将交通安全列为优化目标。

（2）优化交通到达规律

除了减少交通到达以减少交通安全事件发生概率外，在交通到达总量不变的情况下，优化（S_i，t_j）时空的交通到达规律也是一个重要的手段。优化可以有以下几层含义：

1）在时间上优化交通到达规律。假设交通对象 A 和交通对象 B 原本同时到达（S_i，t_j），即

$$\text{Arrival}(S_i, t_j) = \{A, B\} \tag{3.12}$$

其结果是，可能引发一次 A 与 B 之间的交通安全事件。如果通过交通系统管理手段或诱导管理手段，使得 B 较 A 晚到一段时间，即：

$$\text{Arrival}(S_i, t_j) = \{A\} \tag{3.13}$$

$$\text{Arrival}(S_i, t_j') = \{B\} \tag{3.14}$$

那么，A 和 B 之间的这次交通安全事件将得以避免。从本质上说，这与交通管理中的错时上下班、错峰填谷、交通流量时间均分等措施是一致的。

2）在空间上优化到达规律。根据经验，在同样的交通到达规律下，不同的交通冲突点其冲突的产生规律是不同的。一般认为交叉点的交通冲突发生概率最高，而合流点的交通冲突发生的概率较低，分流点的交通冲突概率最低。此外，对于不同流向而言，对实行右侧通行的国家，一般认为左转交通到达引发交通冲突的概率较高，直行交通引发交通冲突的概率次之，右转交通引发交通冲突的概率最低。因此，通过某些手段（如单行、转向限制等）使交通到达分布趋于合理，也能够减少交通冲突的发生概率。

值得注意的是，以交通冲突发生最少为目标的交通分布优化有时倾向于将交通流集中在某几条主要道路上，而这与以走行时间为主要优化目标的交通分配结果是不一致的。

3.4.2 Encounter（遭遇）阶段

3.4.2.1 Encounter 阶段的输入输出

在 Encounter 阶段，我们把交通对象同时出现于时空（S_i，t_j）的交通现象，称为一次交通冲突，如图 3.13 所示。换言之，交通安全事件是从交通冲突开始的。在某一个时空范围（S_i，t_j），该交通安全事件的输入是 Arrival（S_i，t_j），其输出结果是两个：交通冲突、无冲突的安全通过。

Encounter 阶段的输出可以采用 Conflict Probabilities（冲突概率）来描述。在到达交通一定的情况下，Conflict Probabilities 取决于遭遇时空（S_i，t_j）的范围。如果把交通冲突点定义为两股交通流运行轨迹的重合点，则冲突的发生与交通冲突点紧密相关。因为时空冲突本质上是不同交通对象对冲突点同一时空资源需求产生的矛盾，为避免发生冲撞，正常情况下，在某一段时间内冲突点只允许一个交通对象通行。该时间段即我们通常所说的冲突点的"临界间隙" t_c。在速度 v 一定的情况下，冲突时空（S_i，t_j）即可用以冲突点为圆心，t_c 为

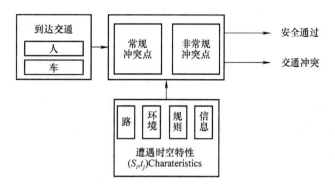

图 3.13 Encounter 阶段

半径的一个时 - 空范围 (C, t_c) 来表示。

图 3.14 所示为两车在冲突点 C 遭遇的情形。对于车 A 而言，要通过冲突点 C，驾驶人需要的临界间隙为 t_c，那么，如果在 t_c 时间内，另一向有车 B 到达，即形成一次冲突。如果双方都保持原来的状态不变，将形成两个结果：

1) A、B 相撞。

2) A、B 在很短的时间间隔内先后通过冲突点 C。这也是一种很危险的情况。该短时间间隔即为交通冲突理论中的"后侵时间"（Post Encroachment Time）。

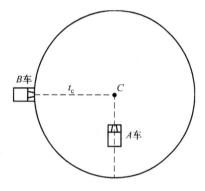

图 3.14 遭遇时空

对于遭遇时空 (C, t_c) 而言，若存在 2 股可能的交通流，则有：Arrival (C, t_c) = {Arrival (C, t_c, k), $k = 1, 2$}。每股交通流在 (C, t_c) 范围内出现的概率为 $P(C, t_c, k) = P[\text{Arrival}(C, t_c, k) > 0]$。因此，在 (C, t_c) 内发生交通冲突的概率为：

$$P(C, t_c) = \prod_k P(C, t_c, k)(k = 1, 2) \tag{3.15}$$

对于可能存在两股或两股以上交通流的遭遇点，总可以将其分解为若干个两股冲突交通流的组合。

3.4.2.2 交通冲突的类型

决定冲突概率的关键因素，是冲突点自身特征和冲突点各向交通流的到达。在交通安全研究中，我们往往希望能够对交通冲突的发生进行预测。然而在实际中，往往有一部分交通冲突属于异常冲突，无法预测。在此，本书提出交通冲突和非常规冲突的概念。

(1) 常规冲突

交通对象按照正常时 - 空轨迹运行时发生的冲突称为常规冲突。常规冲突发生的点称为常规冲突点。常规冲突点只存在于交叉口、路段开口和过街设施。对上述地点来说，在几何条件、基本管理和控制方案确定后，交通对象正常运动流线交错所产生的常规交通冲突点就可以确定下来了。对一个微观的交通设计过程来说，常规交通冲突点是在交通概略设计阶段确定的。因此，常规冲突点在道路交通设计过程中是可预测、可控制的。

（2）非常规冲突

交通对象不按照正常时-空轨迹运行时发生的冲突称为非常规冲突。换言之，除常规冲突以外的其他冲突均属非常规冲突。因此可得以下公式：

$$交通冲突总数 = 常规交通冲突数 + 非常规交通冲突数 \qquad (3.16)$$

非常规冲突是由于道路缺陷、交通参与者本身的违法行为或意外情况导致交通时空轨迹异常而发生的，因而难以预测。路段上随机产生的交通冲突点和交叉口除常规冲突点以外的其他交通冲突点均属非常规冲突点。引发非常规冲突的道路缺陷通常包括：交叉口转弯半径过小、交叉口冲突区域过大、道路线形不合理、交通信号灯设置位置和数量不合理等。交通参与者的违法行为通常包括闯红灯、越实线、逆向行驶、违法横穿和操作失误等。意外情况通常包括车辆故障、交通环境的突然变化以及其他意外事件。非常规冲突的发生通常是难以预测的，只能通过 Enforcement（执法）、Education（教育）和 Engineering（工程）进行约束。

所有涉及两方或两方以上的交通安全事件，都是从 Encounter 阶段开始的。因此，Encounter 可以看成是交通事件的主要源头。减少冲突，是减少交通安全事件的主要方法之一。

（3）冲突类型与交通事故

根据公安部发布的交通事故统计报告，2018 年全国发生的道路交通事故中，由于交通参与者违法导致的交通事故占到总数的 99% 以上，其他原因占 0.6% 左右（表 3.2）。

表 3.2 2018 年全国交通事故原因统计

事故原因		事故起数		死亡人数		受伤人数		直接财产损失（元）	
		数量	占总数	数量	占总数	数量	占总数	数量/万元	占总数
机动车违法		216178	88.26%	58091	91.92%	227438	87.97%	131023	94.63%
其中	汽车	166906	68.14%	46161	73.05%	169046	65.39%	118671.6	85.71%
	摩托车	45868	18.73%	10663	16.87%	55071	21.30%	10682.8	7.72%
	拖拉机	2120	0.87%	780	1.23%	5114	1.98%	662.3	0.48%
非机动车违法		25556	10.43%	3741	5.92%	28987	11.21%	5466.3	3.95%
其中	自行车	1840	0.75%	372	0.59%	1720	0.67%	376.6	0.27%
行人乘车人违法		3045	1.24%	1325	2.10%	1968	0.76%	1904.9	1.38%
其他		158	0.06%	37	0.06%	139	0.05%	61.7	0.04%
总计		244937	100.00%	63194	100.00%	258532	100.00%	138455.9	100.00%

值得注意的是，基于交通事故处理和责任认定的需要，交警部门主要精力放在追究当事人在交通事故中的违法行为或过错，一般不将道路因素列入交通事故原因。

尽管如此，有一点是确定的，交通参与者的违法行为是导致交通事故的主要原因之一。

公安部的交通事故统计系统里列出了39种交通违法行为。与常规冲突相关的交通违法行为，主要与交通对象在面对常规交通冲突时疏忽大意、避险措施不当造成事故有关，最常见的有不按规定让行、超速行驶、违法牵引、不按规定使用灯光等。此类原因相关的交通事故共占到总事故的1/4以上。

非常规冲突主要体现在交通运行时空轨迹的非正常变化，某些交通参与者的主观故意违法行为是导致非常规交通冲突发生的主要原因。与非常规冲突相关的违法行为，主要是交通对象主观上故意违法交通法规的行为，最常见的包括：违法交通信号、逆向行驶、违法占道、违法停车、违法掉头、违法超车等。此类原因相关的交通事故共占到总事故的近30%。

还有一些交通事故原因，单纯从字面上无法判断与哪一类交通冲突有关，最常见的有酒后驾驶、违法装载、疲劳驾驶等。此类原因相关的交通事故占到总事故的6%左右。此外，由于交通事故数据库本身的缺陷，有超过30%的交通事故原因被标记为"其他原因"，因而无法对这一类事故做出准确的判断。

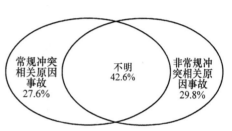

图3.15 交通事故原因与冲突类型

交通事故原因与冲突类型见图3.15和表3.3。

表3.3 交通事故原因与冲突类型（摘自2006年全国交通事故白皮书）

冲突类型	事故原因	事故次数	占总事故比例
常规冲突相关	未按规定让行	61459	16.22%
	超速行驶	36586	9.66%
	违法抢行	3336	0.88%
	非机动车未按规定让行	1905	0.50%
	不按规定使用灯光	703	0.19%
	非机动车违法抢行	561	0.15%
	非机动车超速行驶	319	0.08%
	违法牵引	206	0.05%
	违法装载	97	0.03%
非常规冲突相关	违法占道行驶	25742	6.79%
	违法会车	17008	4.49%
	逆向行驶	15630	4.13%
	违法超车	11326	2.99%
	违反交通信号	10443	2.76%
	违法变更车道	9546	2.52%
	违法掉头	6099	1.61%
	违法倒车	4452	1.18%

(续)

冲突类型	事故原因	事故次数	占总事故比例
非常规冲突相关	非机动车违法占道行驶	2842	0.75%
	行人违反交通信号	2532	0.67%
	逆行	1945	0.51%
	违法停车	1747	0.46%
	非机动车违反交通信号	1391	0.37%
	其他意外	687	0.18%
	行人违法占道	574	0.15%
	非机动车违法超车	374	0.10%
	爆胎	310	0.08%
	机件故障	171	0.05%
	非机动车违法停车	43	0.01%
	自然灾害	29	0.01%
不明	其他原因	112187	29.63%
	其他操作不当	24270	6.41%
	酒后驾驶	9442	2.49%
	违法装载	4951	1.31%
	制动不当	4128	1.09%
	疲劳驾驶	3769	0.99%
	转向不当	1334	0.35%
	油门控制不当	401	0.11%
	非机动车酒后驾驶	134	0.04%
	道路原因	55	0.01%

3.4.2.3 常规冲突的优化

（1）常规冲突点的优化

在交通到达确定的情况下，减少常规冲突应从减少常规冲突点着手。以交叉口为例，交叉口是常规交通冲突点的多发区，因此，减少常规交通冲突点是交叉口交通安全优化的主要方法，如图3.16所示。

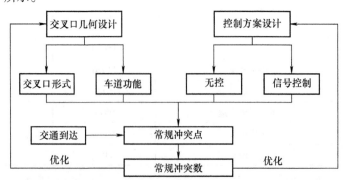

图3.16 交叉口概略设计对常规交通冲突预测和优化过程

减少交叉口常规交通冲突点主要有两种方法：

1）将常规交通冲突点的其中一股交通流从空间上分离（立交、交叉口形式、车道功能分离、隔离设施、护栏等）。

2）将常规交通冲突点的某一股交通流从时间上进行分离（信号控制、通行时间限制等）。

通常认为交叉口的常规交通冲突点越少越好。在某些时候，这无疑是正确的，但是在某些时候，消除常规冲突点将付出太大的代价，以至于得不偿失。因此，交叉口的常规冲突点的处理，通常都是采取一种优化的思想，使通行效率、常规冲突、交通延误甚至改造投资费用在某种程度上取得平衡。

（2）交通到达规律优化

根据前面的定义，常规冲突主要与冲突点的特性及冲突点的交通到达规律有关。常规冲突点交通到达规律为正常的守法的交通行为，违法、意外的交通行为导致的非常规交通到达属于非常规冲突的考虑范畴。因此，从这个意义上讲，常规冲突是有规律、可预测的，因而可以通过应用技术手段减少常规冲突。

常规冲突点的交通流到达均是可知的。通过交通调查，我们常常可以用某一概率分布来近似地描述常规冲突点的交通到达规律。随着交通信息技术的发展，我们甚至可以通过车载系统、GPS、检测器、手机定位等手段，实时地知道常规冲突点的交通到达情况，从而更精确地对交通冲突点的交通冲突概率进行判断，并据此对车辆或交通参与者进行实时警告或提示。

3.4.2.4 非常规冲突的消除

在常规冲突之外，发生的其他交通冲突均属非常规冲突。非常规交通冲突由于其突然性和难以预测性，往往更容易转化为严重交通冲突和交通事故。在某些特定时间和地点，非常规冲突往往是引发交通事故的主要原因。

（1）非常规冲突点的位置

非常规冲突点的位置可以分以下两种情况讨论：

1）非常规冲突是由一方的违法或意外造成的。假设流向 A 是按照正常轨迹通行，流向 B 则由于违法或意外事件改变了正常轨迹，导致在一个非常规地点遭遇了流向 A，此时，非常规冲突点的变化范围是一维的，即沿流向 A 的通行轨迹在变动。如图 3.17 所示，机动车 A 沿正常轨迹行驶，行人 B 在没有人行横道的位置且机动车车头时距小于行人临界过街间隙时违法横穿道路，将发生一次交通冲突。由于无人行横道，行人过街路径不定，此时交通冲突点也不定，可能是 E，也可能是 E'，但交通冲突点 E 或 E' 始终是在流向 A 的行驶轨迹上变动的。

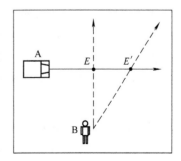

图 3.17　行人与机动车的非常规冲突点

2）非常规冲突是由两方的违法或意外造成的。此时，非常规冲突的发生与两方因违法或意外事件改变正常轨迹有关。此类非常规冲突点的位置难以预测。路段上的交通冲突大多属于此类。

（2）冲突点的交通流到达

非常规冲突点的交通流到达情况可以分以下两种情况讨论：

1）非常规冲突是由一方的违法或意外造成的。假设流向 A 是按照正常轨迹通行，流向 B 则由于违法或意外事件改变了正常轨迹，导致在一个非常规地点遭遇了流向 A。由于流向 A 是正常的，其到达规律可以预测或实时观测得到。流向 B 属于意外交通流，其发生和到达规律未知，因此，此类冲突的发生规律只能部分予以预测。

2）非常规冲突是由两方的违法或意外造成的。此时，非常规冲突的发生与两方因违法或意外事件改变正常轨迹有关。此类非常规冲突点不但其位置难以预知，而且其到达规律也难以预测。

对冲突的优化可以分为两大类：常规冲突的优化和非常规冲突的消除。

（3）非常规冲突的消除

非常规冲突按照其成因，可以分为三类：交通参与者的违法行为、交通参与者的操作失误和道路环境条件的影响。

1）交通参与者违法行为。在我国，由于各种原因，交通参与者的交通道德水平和守法意识还处于一个较低的水平，导致各类主观故意违法行为屡见不鲜，是引发非常规交通冲突，并转化为严重交通冲突和交通事故的主要因素。

对于此类由于交通参与者主观违法导致的交通冲突和交通事故，主要依靠执法、教育和工程措施来解决。

➢ 执法措施（Enforcement）

对于由于交通参与者主观违法导致的非常规交通冲突，最有效的办法是加强交通执法。当前，对主观交通违法行为的处罚力度已经相当严厉，包括：

- 机动车常规交通违法行为最高可以处以 200 元罚款和记 12 分的处罚。
- 机动车特殊交通违法行为最高可处以 2000 元的罚款和吊销驾驶证的处罚。
- 行人和非机动车交通违法行为最高可处 50 元罚款。
- 对记满 12 分的机动车驾驶人必须重新培训并接受科目 1 考试。

但是，尽管法律法规规定了严厉的处罚，但交通违法行为仍然屡禁不止。其主要原因是交通管理部门对于违法行为的查处还存在诸多薄弱环节，主要体现在：

- 重视对城市中心区和主要道路的交通违法行为查处，忽视对次要道路、城市郊区、城郊结合部等地交通违法的查处。而后者恰恰是交通违法引发交通事故高发的地区。
- 重视对机动车违法行为的查处，而对非机动车、行人交通违法行为的查处不论是从力度还是办法上都很有限。
- 对夜间、低流量时段的交通违法行为查处不够。而上述时段恰恰是主观违法行为导致交通事故高发的时段。
- "非现场执法"比例有了较大的提高，但能够查处的违法行为种类有限。

因此，当前加强交通执法的主要手段，应更多地采用非现场执法手段对交通违法行为进行大面积、全天候地监控，以形成对交通违法行为的震慑力，同时也能减少和避免现场执法中的渎职行为。

此外，当前的非现场执法设备也需要进一步改进，通过运用图像识别、人工智能、模式识别等手段，增加识别违法行为的种类和准确性。

> 教育措施（Education）

目前对机动车驾驶人的培训和教育已经形成了一套比较完善的制度，但是仍然存在着很多问题。具体而言，交通安全教育的薄弱环节主要存在于以下几个方面：

- 教育对象：薄弱环节在行人和非机动车驾驶人。很多人不知道走路、乘车必须遵守的交通法规，造成行人和非机动车交通事故死亡率居高不下。
- 覆盖地域：薄弱环节在农村。随着我国城市化进程的加快，大量乡村被纳入城市规划范围，城乡交流日益频繁，农村外出务工人员已经成为参与交通的主要人群。2006年全国交通事故死亡人员中，农村户口人员占到了48%。考虑到农村居民交通出行率通常较低，这一结果显示农村居民出行面临较高的交通风险。因此，加强面向农村和农村外出务工人员的交通安全教育是今后宣传教育中需要注意的问题。
- 教育理念：现在交通安全教育的问题在于重宣传而轻养成，重形式而轻效果。宣传（Propaganda）是我国普遍采用的一种交通安全教育形式，其特点是动用大量人力物力，发动各类新闻媒体，大张旗鼓、轰轰烈烈地进行。此类宣传，常常给人以"形式大于内容"的感觉，收效不佳，一部分人甚至因此产生逆反心理。交通是人们生活中每天都要接触的。交通安全教育的理念，要将交通安全道德放在第一位，将交通安全法律法规的要求内化为交通参与者自身的交通安全需求。要让交通参与者感到，交通安全就是每天出行的一部分，而不是媒体的说教、空洞的宣传。

> 工程措施（Engineering）

交通"人性化"是当前流行的一种思想。然而，许多时候我们并没有真正理解"人性化"。我认为，交通人性化，就是在交通的规划、建设和管理中，要充分考虑和体现人所具有的正常感情和理性，使交通系统、交通参与者、交通管理者之间实现良性互动（图3.18）。

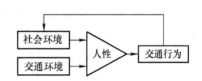

图 3.18 交通行为的影响因素

从这个意义上说，交通违法行为，在某种角度上，也可以看成一定条件下"正常"人性的体现。对人性的改造，意味着对人多年以来养成的固有观念和习惯进行改变的过程。这也就是交通安全教育难度大见效慢的原因。在矢志不渝地坚持进行交通安全教育的同时，想办法改变某些外在条件，从而改变人的行为，也是一种减少交通违法的思路。

上述思想用一个简单的框图来表示。人的交通行为可以看作特定的外在输入加在人这一复杂系统上得到的输出。输入可以简化为社会环境和交通环境两部分。这两部分共同作用在人身上，人根据自身的需求和习惯，选择相应的交通行为。人的交通行为对社会环境之间是一个正反馈循环。在社会环境、人自身特性短时间内难以改变的情况下，通过改变作为输入的交通环境，是改变交通行为输出的重要手段。

文献［18］建立的行人过街设施选择偏好的非集计模型表明，行人过街设施的任何一种影响因素的变化都会影响到行人对设施的选择结果，特别是当行人设施的设置不符合行人的选择预期时，如绕行距离大于150m、过街等待时间大于45s时，行人违章的概率将增加。

通过改变交通条件和交通设施，将能对交通参与者的交通违法行为进行抑制，从而减少非常规交通冲突的发生。例如，设置"电子警察"，能够减少闯红灯违法行为；设立护栏的同时，设置专用行人过街设施，能够减少行人违法随意横穿的现象。

人性化的工程设施设计的关键，是要站在交通参与者而不是设计者、管理者的角度去思考，要思考如何用合理的工程手段，限制和引导（这两种手段应一起使用）交通参与者的行为朝设计者的期望目标发展。这样做的结果，是使交通参与者良好的交通行为成为符合人自身特性的正常输出结果，从而减少交通违法行为的发生。

2）机动车驾驶人的操作失误。广义上，非常规冲突甚至交通事故的发生绝大部分都与交通参与者的操作失误有关。此处的操作失误特指机动车驾驶人由于操作失误直接导致的交通事故。相对于交通参与者的主观违法行为，操作失误的比例相对较小。按照公安部2006年全国交通事故统计数据，此类因素包括转向不当、制动不当、加速控制不当和其他操作不当4类，占总事故次数的比例为8%左右。

表 3.4　操作失误交通事故及其比例（摘自2006年全国交通事故白皮书）

原因	事故次数	占总事故比例
转向不当	1334	0.35%
制动不当	4128	1.09%
加速控制不当	401	0.11%
其他操作不当	24270	6.41%

如图3.19所示，低驾龄（5年以下）的驾驶人交通事故比例远高于经验丰富的驾驶人。特别是1年以下驾龄驾驶人的交通事故占到总事故的近15%，仅略低于无证驾驶的比例，表明驾驶技能不完善是造成交通事故的重要因素。

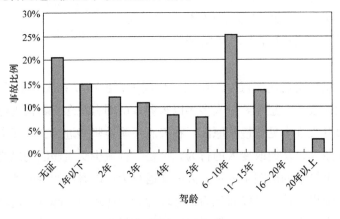

图 3.19　驾龄与交通事故

因此，我国目前的机动车驾驶人培训和考试制度还有待进一步完善。今后，机动车驾驶人考试的重点要从考核其操作和控制机动车，转为考核其是否具备安全行车的基本知识，是否具备良好的规则意识和安全的驾驶行为习惯。要组织研究我国实行职业驾驶人考试制度的可行性，逐步将我国的机动车驾驶证分为职业驾驶证和普通驾驶证，分别设置不同的考试办法和内容，并调整我国的机动车准驾车型，使之逐步与国际接轨。

3）意外事件。意外事件指驾驶中车辆机械故障、爆胎、自然灾害以及其他难以预计的意外。上述意外也有可能导致非常规冲突。纯粹由意外事件造成的交通事故比例很小，占总事故的 0.3% 左右，见表 3.5。

表 3.5　意外事件引发的交通事故（摘自 2006 年全国交通事故白皮书）

事故原因	事故次数	占总事故比例
机件故障	171	0.05%
爆胎	310	0.08%
自然灾害	29	0.01%
其他意外	687	0.18%

3.4.3　Evasion（避险）阶段

3.4.3.1　Evasion 阶段的输入输出

任何交通冲突，交通对象如果不采取措施，将发生两种结果：发生碰撞接触或在很短时间间隔内通过冲突点。后者也是一种危险情况。因此，正常情况下，交通对象将采取避险措施，包括减速，制动、转向、减速+转向，制动+转向等。这一过程称之为 Evasion（避险）过程。

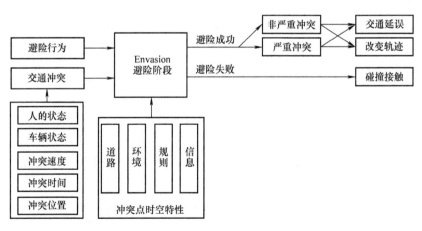

图 3.20　Evasion（避险）阶段

Evasion 阶段（图 3.20）的输入是交通冲突和交通参与者在面临交通冲突时的避险行为。Evasion 阶段的输出是避险结果：严重冲突、非严重冲突和碰撞，并且有以下公式：

$$交通冲突数 = 非严重冲突数 + 严重冲突数 + 碰撞数 \quad (3.17)$$

3.4.3.2 严重冲突的判断标准

（1）常用严重冲突判读指标

国内外研究中，曾采用很多指标作为衡量冲突严重程度的标准。总的来讲，可以归结为距离、时间、速度、能量损失4类。

1）距离指标：认为交通冲突的危害程度与距离（冲突对象间的距离或冲突距离）成反比。距离越大，冲突的严重程度越低。通常用冲突距离（DB, Distance of Brake, 指最先感受到危险的一方采取避险措施时至可能碰撞点的距离）来表示。该指标的缺陷是，当冲突双方速度很低时，即使距离相撞点很近，发生事故的可能性也很小。

2）速度指标：认为冲突的危险程度与冲突车辆的速度成正比，即冲突速度越大，冲突的危害程度越高。通常用冲突速度（CS, Conflict Speed, 指最先感受到危险的一方采取避险措施时的车速）来表示。

3）时间指标：冲突距离（DB）与冲突速度（CS）的比值，称为TTC（Time to Conflict, 指最先感受到危险的一方采取避险措施时，如果冲突双方的速度与时间不变，至可能碰撞点的时间）。TTC越小，发生交通事故的可能性越大。美国规定的严重冲突的临界 TTC = 1s，瑞典严重冲突的临界 TTC = 1.5s。然而，研究表明，严重与非严重冲突之间的临界 TTC 不是一个定值，而是取决于不同的速度水平。

4）能量指标：冲突产生前后冲突实体的能量变化描述冲突的严重程度。然而，在计算冲突实体能量变化时，需要综合考虑冲突实体的质量、冲突角度、冲突速度、地面附着系数等因素的影响，实际操作时存在一定的困难。

（2）机动车制动过程

机动车制动过程可以采用图3.21来表示。

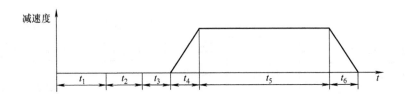

图 3.21 机动车制动过程

图 3.21 中，t_1 为驾驶人发现危险情况至开始出现反应动作时需要的反应时间；t_2 为驾驶人将右脚移动到制动踏板上所需要的时间；t_3 为驾驶人开始踏下制动踏板到车辆出现制动力所经过的时间；t_4 为制动力增长时间；t_5 为制动力达到最大值后的持续制动时间；t_6 为停车后到制动力解除所需要的时间。

根据对驾驶适应性和车辆特性的研究，$t_1 = 0.38 \sim 0.50s$，$t_2 = 0.17 \sim 0.28s$，$t_3 = 0.03 \sim 0.09s$。各类车型的最大制动减速度和制动力增长时间见表3.6、表3.7。

表 3.6　各类型车辆的最大制动减速度

汽车类型	最大制动减速度/(m/s²)
小型车	7.4
中型车	6.2
大型车	5.5

表 3.7　制动系统协调时间及制动力增长时间

汽车类型	制动力增长时间/s
总质量<4.5t	≤0.24
4.5t≤总质量≤12t	≤0.36
总质量>12t	≤0.47

在 t_4 阶段，设汽车的制动力是匀速增长的，则有：

$$J = \begin{cases} \dfrac{J_{\max}t}{t_4} & t < t_4 \\ J_{\max} & t \geq t_4 \end{cases} \quad (3.18)$$

对小型车辆，有：

$$J = \begin{cases} 30.8t & t < 0.24\text{s} \\ 30.8 & t \geq 0.24\text{s} \end{cases} \quad (3.19)$$

在 $t<0.24$s 时，车辆在时刻 t 的速度 v_t 为：

$$v_t = v_0 - \int_0^t 30.8t\,\mathrm{d}t = v_0 - 15.4t^2 \quad (3.20)$$

在 $t=0.24$s 时，车辆在时刻 t 的速度 v_t 为：

$$v_t = v_0 - 0.888 \quad (3.21)$$

于是得到小型车辆的最小制动时间为：

$$t_b = \frac{v_0 - 0.888}{7.4} + 0.24 + 0.09 = 0.14v_0 + 0.21 \quad (3.22)$$

同理可以得到中型车和大型车的最小制动时间 t_b，见表 3.8。

表 3.8　各类车辆的最小制动时间

汽车类型	最小制动时间 t_b
小型车	$t_b = 0.14v_0 + 0.21$
中型车	$T_b = 0.16v_0 + 0.27$
大型车	$T_b = 0.18v_0 + 0.33$

于是得到各类车辆在不同车速下的最小制动时间，见表 3.9。

表 3.9　各类车辆在不同车速下的最小制动时间

车速 km/h	车速 m/s	制动时间 t_b 小型车	中型车	大型车	车速 km/h	车速 m/s	制动时间 t_b 小型车	中型车	大型车
5	1.39	0.40	0.49	0.58	45	12.50	1.90	2.29	2.60
10	2.78	0.59	0.72	0.84	50	13.89	2.09	2.51	2.86
15	4.17	0.77	0.94	1.09	55	15.28	2.27	2.73	3.11
20	5.56	0.96	1.17	1.34	60	16.67	2.46	2.96	3.36
25	6.94	1.15	1.39	1.59	65	18.06	2.65	3.18	3.61
30	8.33	1.34	1.61	1.85	70	19.44	2.84	3.41	3.87
35	9.72	1.52	1.84	2.10	75	20.83	3.03	3.63	4.12
40	11.11	1.71	2.06	2.35	80	22.22	3.21	3.85	4.37

文献［21］考虑的是一般情况下的反应时间：驾驶人发现危险情况至开始出现反应动作时需要的反应时间一般为 0.38~0.50s；驾驶人将右脚移动到制动踏板上所需要的时间 0.17~0.28s。文献［15］的研究表明，驾驶人在面对可预知障碍与不可预知障碍时，其反应时间是不同的。对于可预知障碍，其平均感知反应时间为 0.53s，与文献［21］的结论基本相同，但是在面对不可预知障碍物时，其反应时间为 1.31s。

（3）考虑感知 - 反应时间的严重冲突判定标准

对于常规冲突而言，在保障基本视距的情况下，可以认为是"面临可预知障碍物"，考虑最不利情况，其反应 - 动作时间可以取 0.78s。若从驾驶人开始感知交通冲突威胁开始算起，可以得到常规冲突的严重冲突临界标准为"停车时间 +（可预知）制动 - 反应时间"，如图 3.22 所示。

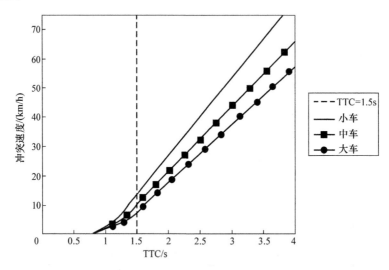

图 3.22 常规冲突的严重冲突判断标准

对于非常规冲突而言，由于其引发原因是交通违法、交通意外、车辆故障等意外情况，具有突发性，可以认为非常规冲突与"不可预知障碍"类似，考虑最不利情况，其反应 - 动作时间可以取 1.59s。若从驾驶人开始感知非常规交通冲突威胁开始算起，可以得到非常规冲突的严重冲突临界标准为"停车时间 +（不可预知）制动 - 反应时间"，如图 3.23 所示。

3.4.3.3 避险过程与驾驶可靠性

（1）避险驾驶过程及影响因素

驾驶人的驾驶过程通常包括几个阶段：感知阶段—判断决策阶段—动作阶段。对于避险过程而言，也遵循这一规律。

1）感知阶段：驾驶人主要通过视觉、听觉和触觉来感知汽车的运行环境条件，如道路交通信号、行人的动静位置、路面状况以及汽车的运行工况等信息。这一阶段主要由感觉器官完成。

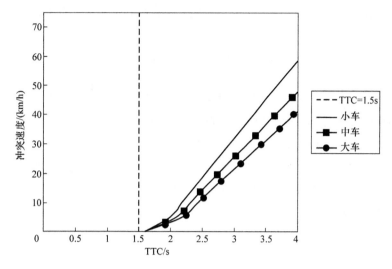

图 3.23 非常规冲突的严重冲突判断标准

2）判断决策阶段：驾驶人在感知信息的基础上，结合驾驶经验和技能，分析结果，做出判断，确定有利于汽车安全行驶的措施。这一阶段主要由中枢神经系统完成。

3）动作阶段：驾驶人依据判断决策所做出的实际反应和行动，具体指手、脚对汽车实施的控制，如加速、制动、转向等。这一阶段主要由运动器官完成。

这样，Evasion 避险行为不仅是信息感知、判读决策和动作三阶段不间断的多次串联组合，而且也是三者连锁反应的综合。

根据文献［15］可知，影响驾驶行为安全可靠性的主要因素包括：机动车人机界面质量、操作频率、差错后果危险性、生理心理机能、道路环境状况。将其称为驾驶行为形成主因子，分别用 p_1、p_2、p_3、p_4、p_5 表示。在特定交通冲突条件下，交通冲突的状态（冲突类型、冲突角度、冲突速度）也会对驾驶可靠性形成影响。因此，应增加一个交通冲突状态因子 p_6。

（2）驾驶可靠性与避险结果

用 $K = P\left(\dfrac{驾驶行为正确的次数}{驾驶行为的次数}\right)$ 表示驾驶可靠度，驾驶可靠度可分为感知可靠度 K_S、判断决策可靠度 K_O 和动作可靠度 K_R。

用 $F = P\left(\dfrac{驾驶行为失误的次数}{驾驶行为的次数}\right)$ 表示驾驶失误概率（驾驶不可靠度），驾驶失误概率可分为感知失误度 F_S，判断决策可靠度 F_O 和动作可靠度 F_R。

依据驾驶行为形成模式，驾驶行为可描述为感知、判断和行为动作阶段的联合组合。其可靠性框图如图 3.24 所示。

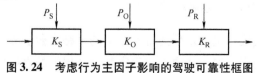

图 3.24 考虑行为主因子影响的驾驶可靠性框图

理论上,驾驶可靠度 K 可表示为三个行为阶段的可靠度乘积,考虑驾驶行为形成子因子的影响,则有:

$$K = K_S \cdot K_O \cdot K_R = (1 - F_S)(1 - F_O)(1 - F_R)$$
$$[1 - (\prod_{i=1}^{6} p_{S_i} w_{S_i}) F_S][1 - (\prod_{i=1}^{6} p_{O_i} w_{O_i}) F_O][1 - (\prod_{i=1}^{6} p_{R_i} w_{R_i}) F_R] \quad (3.23)$$

在 Encounter 阶段,冲突发生的临界时间值是临界间隙 t_c,若从驾驶人遭遇冲突算起,t_c 远大于严重冲突的界限 TTC = 1.5s,正常状况下,驾驶人有足够时间进行避险操作,此时避险行为的结果表现为非严重冲突。若驾驶人在感知、判断决策、行为动作过程中任一阶段出现失误,可能导致驾驶人未采取避险措施或未及时采取避险措施。此时避险行为的结果表现为严重冲突和碰撞接触。

因此,有:
$$\mathrm{Con}(\text{非严重冲突}) = \mathrm{Con}(\text{交通冲突}) \cdot R$$
$$= \mathrm{Con}(\text{交通冲突}) \cdot [1 - (\prod_{i=1}^{5} p_{S_i} w_{S_i}) F_S][1 - (\prod_{i=1}^{5} p_{O_i} w_{O_i}) F_O][1 - (\prod_{i=1}^{5} p_{R_i} w_{R_i}) F_R]$$
$$(3.24)$$

同理有:
$$\mathrm{Con}(\text{严重冲突}) + \mathrm{Col}(\text{碰撞}) = \mathrm{Con}(\text{交通冲突}) \cdot F = \mathrm{Con}(\text{交通冲突})(1 - R)$$
$$= \mathrm{Con}(\text{交通冲突}) \cdot \{1 - [1 - (\prod_{i=1}^{6} p_{S_i} w_{S_i}) F_S][1 - (\prod_{i=1}^{6} p_{O_i} w_{O_i}) F_O][1 - (\prod_{i=1}^{6} p_{R_i} w_{R_i}) F_R]\}$$
$$(3.25)$$

因为 Con(严重冲突) >> Col(碰撞);
故有:
$$\mathrm{Con}(\text{严重冲突}) \approx \mathrm{Con}(\text{交通冲突}) \times K =$$
$$\mathrm{Con}(\text{交通冲突}) \cdot \{1 - [1 - (\prod_{i=1}^{5} p_{S_i} w_{S_i}) F_S][1 - (\prod_{i=1}^{5} p_{O_i} w_{O_i}) F_O][1 - (\prod_{i=1}^{5} p_{R_i} w_{R_i}) F_R]\}$$
$$(3.26)$$

国内外的研究均表明,严重冲突与交通事故之间存在着显著的线性关系,即 Acc(交通事故) = $\pi \times$ Con(严重冲突)。张苏的研究表明,$\pi \approx 1.0 \times 10^{-4}$。

在给定的交通冲突下,避险涉及人、车、路、交通环境等各个因素之间的相互作用,其过程机理极为复杂。就本书提出的 4E 过程而言,比较可行的方法是采用"驾驶模拟器"对给定冲突下的避险行为进行研究。目前,各大汽车厂商、国内外部分院校都建立了各类驾驶模拟器,与此相关的研究成果也开始涌现。

3.4.4 Energy Tranfer(能量转移)阶段

碰撞物理接触并不代表一定会发生通常意义上的道路交通事故,因为道路交通事故的必要条件是有人身伤害和财产损失。造成人身伤害和财产损失的直接原因是,物理接触后发生了能量的转移,能量转移是碰撞接触向道路交通事故转化的必经途径(图 3.25)。

对于常见的道路交通事故而言,能量转移的方式主要是因为物理接触后双方或几方运动状态的改变导致各自能量的重新分配。简单起见,考虑在平坦路面上两车发生一次碰撞时的情况:

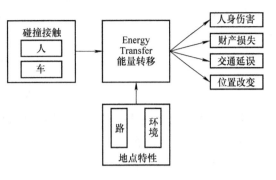

图 3.25 Energy Transfer(能量转移)阶段

$$E_1 = \frac{1}{2}m_1v_1^2 ; \quad E_2 = \frac{1}{2}m_2v_2^2 \quad (3.27)$$

$$E_1' = \frac{1}{2}m_1v_1'^2 ; \quad E_2' = \frac{1}{2}m_2v_2'^2 \quad (3.28)$$

式中,E_1、E_1' 分别为事故当事方 1 接触前后的能量;E_2、E_2' 分别为事故当事方 2 接触前后的能量;v_1 和 v_1' 分别为事故当事方 1 接触前后的瞬间速度;v_2 和 v_2' 分别为事故当事方 2 接触前后的瞬间速度;m_1、m_2 分别为事故当事方 1 和 2 的质量。

$$\Delta E_1 = E_1 - E_1' = \frac{1}{2}m_1(v_1^2 - v_1'^2) \quad (3.29)$$

$$\Delta E_2 = E_2 - E_2' = \frac{1}{2}m_2(v_2^2 - v_2'^2) \quad (3.30)$$

ΔE_1 和 ΔE_2 即为当时双方发生接触后,由于运动状态改变承受的能量转移。

不同交通参与者由于出行方式和自身特点不同,其承受能量转移的能力也有所不同,这一能力可称为"承受阈值"。根据承受阈值的不同,发生接触和能量转移后,有下述几种可能性:

1)虽然发生接触,但两方或几方之间的能量转移很小,不会产生人身伤害和财产损失。

2)发生接触的两方或几方之间存在能量转移,但在各自的能量承受阈值范围之内,仅产生轻微财产损失,无人身伤害发生。

3)发生接触的两方或几方之间存在能量转移,而且超出了各自的能量承受阈值,将产生交通伤害和财产损失。

4)发生接触的两方或几方之间存在能量转移,而且远远超出了各自能量承受阈值,将产生严重交通伤害和财产损失。

承受阈值与双方的属性、状态等都有关系。在这里,交通方式双方的强弱程度表现得特别明显,从而对交通事故后果造成巨大的差别。

3.4.5 交通安全 4E 过程的定量描述

因为 Exposure 是对某一类型或总体交通而言的,所以 Exposure 是一维的。全体交通可以用 $E(\text{all})$ 表示,而对于某一类交通参与者,可以用 $E(i)$ 表示。很显然,有:

$$E(\text{all}) = \sum_i E_i \quad (3.31)$$

定义 N_i 为方式 i 遭遇的交通冲突的次数，N_{ij} 表示方式 i 与方式 j 之间发生交通冲突 Conflict 的次数。很显然有：

$$N_i = \sum_j N_{ji} \tag{3.32}$$

$$N_{ij} = N_{ji} \tag{3.33}$$

定义 R 为遭遇交通冲突的风险，用单位交通暴露量下的遭遇交通冲突的次数表示。简单起见，只考虑二维的情况。设 R 表示总的交通事故死亡人数，R_i 表示 i 交通方式在单位交通暴露下遭遇交通冲突的风险，R_{ij} 表示 i 交通方式在单位交通暴露下遭遇 j 交通方式发生交通冲突的风险，则有：

$$R_{ij} = \begin{cases} \dfrac{N_{ij}}{E_i} & i \neq j \\ 1 & i = j \end{cases} \tag{3.34}$$

$i = j$ 时为单方事故的情况。

当 $i \neq j$ 时，因为：

$$N_{ij} = N_{ji} \tag{3.35}$$

故有：

$$R_{ij} E_i = R_{ji} E_j \tag{3.36}$$

即：

$$\frac{R_{ij}}{R_{ji}} = \frac{E_j}{E_i} \tag{3.37}$$

式 3.37 表明，某种交通方式 i 遭遇交通方式 j 发生冲突的概率不但与方式 i 本身的交通暴露量有关，还与方式 j 的交通暴露量有关。

交通冲突不一定导致交通事故。遭遇交通冲突后，一般交通当事方都会通过种种措施如减速、制动、转向等方式避免交通事故的发生。然而，如果避险失败，则会发生交通碰撞。设单位交通冲突下避险失败的概率为 M，并且定义 A_i 为方式 i 发生的交通碰撞的总次数，A_{ij} 表示方式 i 与方式 j 之间发生交通事故的次数。很显然，有：

$$A_i = \sum_j A_{ij} \tag{3.38}$$

$$A_{ij} = A_{ji} \tag{3.39}$$

$$M_{ij} = \frac{A_{ij}}{N_{ij}} \tag{3.40}$$

由前文可知：

$$\text{Acc}(交通事故) = \pi \times \text{Con}(严重冲突) \approx \text{Con}(交通冲突) \times K \times \pi \tag{3.41}$$

于是有：

$$M_{ij} = K_{ij} \pi \tag{3.42}$$

设 F 表示总的交通事故死亡人数的数学期望，F_i 表示 i 交通方式在交通事故中死亡的人数，F_{ij} 表示 i 交通方式与 j 交通方式发生交通事故造成 i 交通方式死亡的人数，则有：

$$F = \sum_i F_i \tag{3.43}$$

$$F_i = \sum_j F_{ij} \tag{3.44}$$

用 C_{ij} 描述 i 与 j 发生交通事故时的死亡风险，有：

$$C_{ij} = \frac{F_{ij}}{A_{ij}} \tag{3.45}$$

于是有：

$$F_{ij} = E_i \times R_{ij} \times M_{ij} \times C_{ij} \tag{3.46}$$

$$F_i = \sum_j F_{ij} = \sum_j E_i \times R_{ij} \times M_{ij} \times C_{ij} \tag{3.47}$$

$$F = \sum_i F_i = \sum_i \sum_j F_{ij} = \sum_i \sum_j E_i \times R_{ij} \times M_{ij} \times C_{ij} \tag{3.48}$$

上述 i，j 可以推广到可能发生交通冲突的每一股交通流甚至每一个交通个体。只要发生了交通冲突，就有发生交通事故的可能，只是存在事故概率大小的差别。

3.4.6 交通安全 4E 过程与传统交通安全理论的区别与联系

3.4.6.1 与交通事故理论的关系

与传统以交通事故为出发点的研究不同，交通安全 4E 理论以交通冲突为出发点，能够有效避免交通事故数据随机性和失真带来的交通问题。其次，4E 过程理论对交通出行开始一直到交通事件结束的全过程进行考虑，这也是传统以交通事故为核心的研究无法企及的。

3.4.6.2 与传统交通冲突理论的区别与联系

4E 理论是基于传统交通冲突理论基础上构建的，但是又在传统交通冲突理论上有了新的突破。

传统交通冲突理论的出发点是，交通冲突只能由观测得到，且只能用于地点交通安全性的后评价和改善。所给出的理由是：导致事故发生的交通参与者与交通冲突的观测者的个体差异较大，带有很大的随机性，并且道路环境在事故发生与冲突观测时并不一致。理论分析结果与实际状况的差别主要是由交通参与者个体的差别、车辆和环境的差异变化导致的。而交通冲突观测的复杂性和主观倾向性极大制约了交通冲突技术的应用。

4E 理论将交通冲突划分为两类，一类是常规冲突，一类是非常规冲突。该理论认为，常规冲突的存在主要与道路条件和到达交通流量有关，与车辆和交通参与者的个性等因素无关，从而将常规冲突变为可预测、可控制的部分，可从道路条件、控制方式、组织方式乃至路网形式、出行生成等中观和宏观层面讨论交通冲突的发生规律和优化方法。

其次，将严重冲突和交通事故都看成交通避险的结果，在这一阶段，交通参与者的个性、车辆特性以及道路环境条件对避险过程和结果均有影响，从而明确了避险过程的优化对象和方法。

再次，传统交通冲突理论将避险过程看成交通冲突的一部分，而 4E 过程将交通冲突看成避险过程的输入，将严重冲突、非严重冲突、碰撞接触作为避险过程的输出结果。为研究严重交通冲突和交通事故的产生规律提供了新的思路。

3.5 道路交通安全过程研究体系框架

体系结构确定并描述为实现用户服务所需的系统组件、各组件的功能、组件之间及其与外部环境之间的关系和连接形式。体系结构通过需求模型（Requirement Model）和构架模型（Architecture Model）来表达。需求模型描述系统应该做什么，是系统功能要求的模型化。构架模型描述系统设计应如何组织，是系统设计的模型化。

研究体系框架由下至上，由粗到细，由特殊到一般，依次包括以下环节：目标层—方法层—技术层—理论层。每一层的内容及其架构方式，构成了整个理论体系，如图3.26所示。

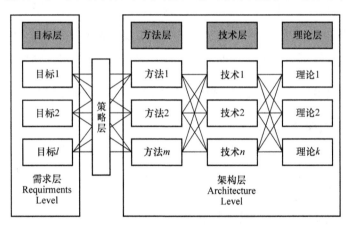

图 3.26　研究体系框架示意

3.5.1　目标层

目标层（或者说需求层）的确定是构建理论体系的第一步。如果目标层缺失，将导致需求不完整，从而影响整个理论体系的完整性。

目标层的确定可以采取由下而上的方法，也可以采取由上而下的方法。

由下而上的方法，即从问题层向目标层映射。典型的由问题向目标映射的过程如图3.27所示。运用这一方法，必须对所研究的问题有全面而清晰的了解。

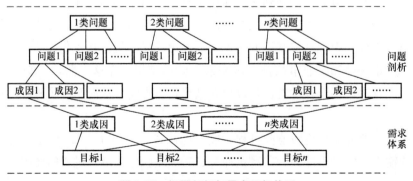

图 3.27　问题剖析与需求目标体系

由上而下的方法，是已知系统运行的基本逻辑流程，针对系统每一个流程的技术指标，确定相应的目标和需求的方法。对于交通安全 4E 过程而言，交通系统从 Exposing—Encounter—Evasion—Energy Transfer 的过程，可以看作交通安全状态转移的一个逻辑流程，并且可以得到每一逻辑状态的需求，见表 3.10。

表 3.10　交通安全过程中的需求层与策略层

逻辑阶段	需求层	策略层
Exposing	减少交通暴露	优化交通出行
Encounter	减少交通冲突	时空隔离
Evasion	提高冲突避险成功率	保障避险主观和客观条件
Energy Transfer	减轻交通事故后果	吸收或转移能量

3.5.2　方法层

方法层是面向实际对象的。在策略层向实现方法层映射的过程中，为保证方法层的完整性，应按照一定的规则对方法层进行分析。霍尔（A. D. Hill）系统工程理论中提出了 n 维结构模型。对霍尔的 n 维结构模型进行推广，使每一个维度对应于系统的某一个属性。这 n 个维度构成的 n 维空间，即为系统的 n 维属性空间。对于 4E 过程中的每一个需求目标，可以分解得到相应的实现方法。如图 3.28 – 图 3.31 所示。

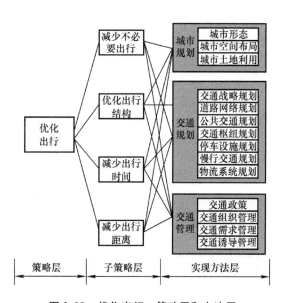

图 3.28　优化出行：策略层和方法层

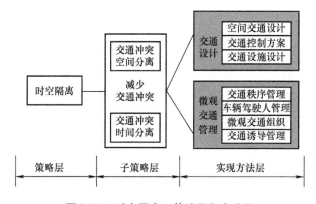

图 3.29　时空隔离：策略层和方法层

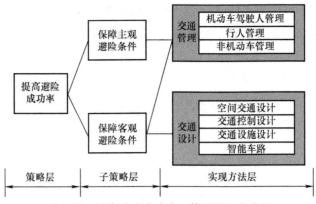

图 3.30　提高避险成功率：策略层和方法层

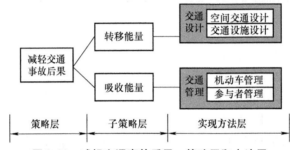

图 3.31　减轻交通事故后果：策略层和方法层

3.5.3　技术层

为使方法层更加具有操作性，可以更进一步地把方法层依照多个维度逐次进行分解。交通安全技术是交通安全方法的细化，交通安全方法是若干交通安全技术的组合，见表3.11～表3.14。

表 3.11　Exposure 阶段：方法层—技术层

策略层	实现方法层	子方法层	技术层
时空隔离	城市规划	城市形态规划	紧凑型城市 精明增长 ……
		城市布局规划	多中心城市 轴向发展 ……
		城市土地利用	混合用地布置 高容积率 大规模居住小区 TOD 交通影响评价 ……

(续)

策略层	实现方法层	子方法层	技术层
时空隔离	交通规划	交通战略规划	公共交通优先 鼓励步行和自行车 限制摩托车 限制电动自行车 ……
		道路网络规划	路网合理级配 专用慢行道路网络 道路功能规划 出入口规划 人车分离 ……
		公共交通规划	线网规模优化 线路布局优化 线路分级服务分区 ……
		交通枢纽规划	便利换乘 ……
		停车设施规划	以静制动 停车收费 ……
	交通管理	交通组织管理	区域禁行 区域限行 ……
		交通需求管理	拥挤收费 车牌拍卖 错时出行 燃油税 ……

表 3.12　Encounter 阶段：方法层—技术层

策略层	实现方法层	子方法层	技术层
交通冲突空间隔离 及 交通冲突时间隔离	交通设计	空间交通设计	道路合理衔接 空间交通渠化 立体交叉 安全岛和待行区 安全净空保障 道路线形安全设计 连接交通设计 车速限制 交通平静化 公交站点设计 立体过街设施 ……

（续）

策略层	实现方法层	子方法层	技术层
交通冲突空间隔离及交通冲突时间隔离	交通设计	交通控制方案	让行控制 信号相位优化 信号相序优化 非机动车信号控制 行人信号控制 汇入控制 ……
		交通设施设计	交通设施隔离 绿化隔离 交通标线隔离 交通标志隔离 ……
	交通管理	交通秩序管理	机动车秩序管理 行人秩序管理 非机动车秩序管理 交通违法处罚 交通安全教育 ……
		机动车管理	保障车辆安全运行技术条件 ……
		交通组织管理	单向交通组织 转向限制管理 禁行限行管理 专用车道管理 ……

表 3.13　Evasion 阶段：方法层—技术层

策略层	实现方法层	子方法层	技术层
保障客观避险条件	交通设计	空间交通设计	安全视距保障 车速限制 交叉角度控制 提高路面摩擦系数 改善道路线形 ……

(续)

策略层	实现方法层	子方法层	技术层
保障客观避险条件	交通设计	交通控制方案	交通信号方案优化 两难区的处理 交通信号倒计时的处理 ……
		交通设施设计	交通渠化 交通平静化 视觉标线 照明设施
		智能车路	ISA 交通冲突警告 辅助驾驶 ……
	交通管理	车辆管理	保障车辆安全运行技术条件 机动车主动安全设备 恶劣天气交通管制 ……
保障主观避险条件	交通管理	交通参与者管理	驾驶技能培训 明确交通优先权 交通安全教育 佩戴反光标志 防止疲劳驾驶 ……

表 3.14　Energy Transfer 阶段：方法层—技术层

策略层	实现方法层	子方法层	技术层
转移能量	交通设计	空间交通设计	宽容性路侧设计 保障路侧安全净空 ……
		交通设施设计	护栏 隔离墩 其他吸能设施 ……
吸收能量	交通管理	交通参与者管理	使用安全带 使用头盔 ……
		车辆管理	机动车被动安全设备推广 吸能车身结构 行人保护设计 ……

3.5.4 理论层

理论层是对技术层进行抽象化、模型化后得到的一般性知识。道路交通安全由于其属性的复杂性——从时间尺度上看，充斥整个时间轴；从空间尺度上看，涉及整个城市；从粒度上看，从宏观一直覆盖到微观；从构成对象来看，不但涉及参与者，还涉及设计者、管理者、仲裁者——因此，交通安全的相关理论也横跨诸多领域：如交通工程理论、道路设计理论、交通规划理论、车辆动力学理论、人体工程学理论、心理学理论和流体力学理论等。

3.5.5 本书研究重点

交通安全过程理论研究体系，从逻辑过程上而言，涉及 Exposing – Encounter – Evasion – Energy Transfer 四个阶段。鉴于以往对交通安全的研究偏重事故结果，偏重微观的特点，本书将研究重点放在第一阶段和第二阶段，即 Exposing 阶段和 Encounter 阶段，对交通安全过程在中微观和宏观层面的问题进行讨论。

本章参考文献

[1] GÖRAN N. Traffic Safety Dimensions and the Power Model to Describe the Effect of Speed on Safety [R]. Lund Institute of Technology, Department of Technology and Society.

[2] 刘小明，段海林. 平面交叉口交通冲突概率模型及安全评价标准 [J]. 交通工程, 1997 (1): 17–21.

[3] 张苏. 中国交通冲突技术 [M]. 重庆: 西南交通大学出版社, 1998.

[4] 克列斯特·海顿. 交通冲突技术 [M]. 张苏, 译. 重庆: 西南交通大学出版社, 1994.

[5] GERALD R. BROWN. ROLE OF CONFLICTS IN TRAFFIC ANALYSIS [D]. TRB2000.

[6] 郭忠印，方守恩. 道路安全工程 [M]. 北京: 人民交通出版社, 2003.

[7] 唐铮铮，张铁军，等. 道路交通安全评价 [M]. 北京: 人民交通出版社, 2008.

[8] GHAZWAN A H. Road Safety Development Index (RSDI) Theory, Philosophy and Practice [R]. Department of Science and Technology, Linköping University, Sweden.

[9] 中华人民共和国公安部. 道路交通事故白皮书 [R], 2006.

[10] 沈文. 公路事故多发路段研究 [D]. 西安: 长安大学, 2002.

[11] 蒋金勇. 中国智能运输系统用户服务与体系结构研究 [D]. 上海: 同济大学, 1999.

[12] 白玉. 城市平面道路交叉口交通协调设计理论问题研究 [D]. 上海: 同济大学, 2004.

[13] 夏绍玮，杨家本，杨振斌. 系统工程概论 [M]. 北京: 清华大学出版社, 1995.

[14] 王武宏，孙逢春，曹琦，等. 道路交通系统中驾驶行为理论与方法 [M]. 北京: 科学出版社. 2001.

[15] 赵巍. 城市道路平面交叉口主动安全设计研究 [D]. 上海: 同济大学, 2007.

[16] 王岩. 谈人性化交通 [J]. 吉首大学学报, 2005 (5): 5–7.

[17] 熊辉，郭宏伟，吕剑. 行人过街设施选择偏好的非集计模型 [J]. 北京理工大学学报, 2008 (1): 77–80.

[18] 项君乔，陆键，卢川，等. 道路交通冲突分析技术及应用 [M]. 北京: 科学出版社, 2008.

[19] 罗石贵, 周伟. 路段交通冲突技术研究 [J]. 公路交通科技, 2001 (1): 59-61.
[20] 任福田, 刘小明, 段海林. 平面交叉口交通冲突技术标准化研究 [J]. 北京工业大学学报, 1997 (9): 37-40.
[21] 罗云, 等. 风险分析与安全评价 [M]. 北京: 化学工业出版社, 2004.
[22] 陈国华. 风险工程学 [M]. 北京: 国防工业出版社, 2007.
[23] 沈斐敏. 安全系统工程理论与应用 [M]. 北京: 煤炭工业出版社, 2001.

第 4 章
Encounter阶段：无控交叉口交通冲突模型

4.1 交叉口交通冲突类型分析

4.1.1 交叉口交通事故与交通冲突

城市道路平面交叉口是道路网络中道路与道路的交叉点，是道路的重要组成部分。城市中交通阻塞和交通流的中断主要发生在交叉口，而道路交通事故也较为集中地发生在交叉口，表现出交通事故的聚集性。下面是国外的一些统计：

- 日本：1976 年的统计数据表明，交通事故中的人身伤亡事故与交叉口有关的占 58%，其中城市占 60%，乡村占 40%。
- 美国：2000 年，与交叉口相关的交通事故超过 280 万起，占所有交通事故的 44%，其中死亡事故约 8500 起，占总量的 23%，受伤事故 100 多万起，占总量的 48%。
- 德国：城市道路交通事故的 60%~80% 发生在交叉口及其附近，乡村道路交通事故的 36% 发生在交叉口。
- 澳大利亚：城市道路交通事故的 43%、乡村道路交通事故的 11% 发生在交叉口。

上述数据表明，城市道路中约有一半以上的交通事故发生在交叉口及其附近。因此，提高城市道路交叉口及其附近的交通安全具有重要意义。

在我国，统计资料显示，道路交叉口发生的交通事故比路段少。2004—2006 年的全国交通事故统计数据表明，所有交通事故次数的 20%~22%、死亡人数的 15%~16%、受伤人数的 20%~22% 发生在交叉口。在城市道路中，上述比例应分别有所提高。例如，柳州市 2000—2002 年的交通事故统计表明，有 23%~29% 的城市交通事故发生在交叉口；成都市域 1997—1999 年有 29.05% 的交通事故发生在平面交叉口；珠海市 2001—2004 年交通事故统计，有 34.5% 的事故次数、28.7% 的死亡人数和 35.0% 的受伤人数发生在交叉口。龙岩市 2003—2005 年城市道路事故统计，有 24.9% 的事故次数、29.4% 的死亡人数和 26.5% 的受伤人数发生在交叉口。

东南大学过秀成教授认为，我国出现城市交通事故路段多于交叉口这种情况的主要原因有两方面，一是秩序比较混乱的交叉口一般有交通民警指挥交通，二是车辆通过交叉口的速度普遍较慢。本书认为，出现这种局面还有更为重要原因：其一，城市道路路段单位开口较多、车辆经常左进左出，左转车辆易在路段引发交通事故，这类事故其实在某种意义上，也属于"交叉口"的交通事故；其二，很多在交叉口发生的不涉及人身伤亡的轻微事故在现行事故统计体制下未能纳入统计范畴；其三，若考虑交叉口的交通影响区域，这一比例还将提高。

随着我国城市道路路段交通有序化程度的提高，以及道路交通事故统计体制的改革，预计我国城市道路交叉口交通事故比例会逐渐增大。上海市 2000 年公布的挂牌限期消除的 76 个市一级交通"事故黑点"中，有 54 个位于交叉口或其附近（其中 2 个位于高架道路匝道口），占总数的 71%。上海市 2002 年限期需要消除的 45 个"事故黑点"中，有 36 个位于交叉口或其周围（其中 2 个位于高架道路匝道口），占总数的 80%。

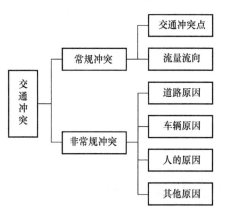

图 4.1 常规交通冲突与非常规交通冲突

城市道路交叉口的交通事故，绝大多数发生在两方或两方以上交通参与者之间。对福建省龙岩市 2004 年交通事故数据分析表明，城市道路交叉口交仅有约 0.72% 的交通事故是单方事故，其余均是涉及两方或两方以上事故。换言之，交叉口交通事故绝大多数与交通冲突有关。根据第 3 章的分析，城市道路平面交叉口的交通冲突，通常可以分为常规交通冲突和非常规交通冲突两种（图 4.1）。

4.1.2 交叉口常规交通冲突

交叉、合流、分流为交叉口机动车交通冲突的三种基本形式。在交叉口的基本设计和控制方式确定后，三种冲突的数量主要与交叉口交通流的"流量和流向因素"有关，即只要存在某些流量和流向，冲突一定不可避免。在无信号控制交叉口中，交叉冲突占了交叉口所有冲突的 60% 以上，其中，相交直行冲突、相交左直冲突、对向左直冲突的总和占了交叉、合流冲突的 73%～84%，而又以相交直行冲突的比例为最大（图 4.2）。

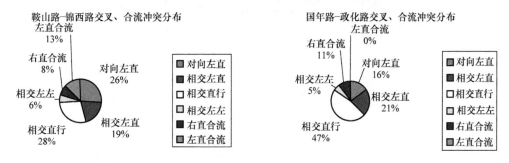

图 4.2 无控交叉口交叉、合流冲突分布

对于一个交叉口，在其交通设计（即交叉口几何形状、交通组织方式和交通控制方式）

确定的情况下，其交叉口内部的交通流运行规则和走向也是基本确定的。在这一前提下，给定交叉口输入的交通流量，我们可以大致估计出其常规交通冲突发生的概率和数量。

从理论上来说，通过空间隔离和时间隔离，可以把交叉口所有的交通冲突都消除掉。例如，采用设置定向式立交、立体过街设施等手段，通过空间隔离方法，消除所有交通冲突点；还可以通过给每一股相冲突的交通流分配一个无嵌套的相位，消除所有交通冲突点，这属于时间隔离方法。然而，这仅仅是理论上的可能。如果在城市全部交叉口均设置定向式立交和立体过街设施，不论是从投资费用上，还是对城市景观和商业氛围的破坏，都是不可接受的。对于每一股冲突交通流均分配一个相位的方法，会造成交叉口总延误的巨大增加，甚至诱发一些冒险型驾驶人闯红灯。

在实际运用中，空间隔离方法和时间隔离方法只能相互配合使用以消除交叉口主要的交通冲突点，而对剩下的非主要交通冲突点的交通冲突，则通过交通规则和管理进行控制。

一般而言，对交叉口而言，立交的冲突点少于平交的冲突点，渠化交叉口的冲突点少于非渠化交叉口的冲突点，多相位交叉口的冲突点少于2相位交叉口的冲突点，设置了行人和非机动车信号相位的交叉口的冲突点少于仅有机动车信号灯交叉口的冲突点。

4.1.3 交叉口非常规交通冲突

在交叉口实际交通冲突观测中，除了常规冲突外，我们常常可以观察到某些理论上不可能发生的冲突。这些因素往往是由交叉口转弯半径、几何线形、面积、车道宽度、车道数和驾驶人、非机动车和行人的交通违法行为等"非流向因素"造成的。这些冲突即称为非常规冲突。图4.3是上海市赤峰路－密云路交叉口停车线调整的照片。从图上可以清晰地看到，由于交叉口转弯半径过小，导致右转车辆和相交道路直行车辆在行驶轨迹上发生了冲突。而这种冲突在交通设计良好的交叉口是不可能发生的。为避免这一冲突，进口道停车线被迫进行了2次后移。

图4.3 交叉口转弯半径过小形成的非常规冲突

交叉口非常规冲突的形成原因主要与交通参与者自身、交叉口的道路条件、控制方式、车辆、交通环境等因素有关。对交叉口非常规冲突成因的简单分类见表4.1。

表4.1 交叉口非常规交通冲突成因

交叉口非常规冲突原因	具体要素
道路交通设计原因	交叉口几何形状不合理、交叉口视距不良、交叉口面积过大或过小、交叉口转弯半径不合理、交叉口车道宽度太宽或太窄、交叉口内部交通渠化不合理、交叉口入口缺乏合理的交通分隔、交叉口内部缺乏导流标线、交叉口交通语言系统设置不合理
车辆原因	车辆不符合安全运行技术条件
人的原因	交通参与者存在不遵守信号、超速、疲劳驾驶、违法停车、违法装载等交通违法行为,交通参与者对交叉口情况不熟悉
交通环境原因	天气影响、时间段影响、管理方式影响

对于交叉口而言,若由于设计、管理上存在缺陷,非常规冲突经常发生。例如,对上海市鞍山路-锦西路、国年路-政化路两个交叉口进行的调查表明:非常规冲突占的比例高于合流冲突,甚至达到30%(图4.4)。这说明,在交叉口交通安全设计中,不能忽视非常规冲突的存在,在减少常规冲突的同时要注意避免发生不必要的非常规冲突。

图4.4 无控交叉口冲突类型分布

图4.5a~图4.5f为常见的一些交叉口机动车非常规冲突的示意图。

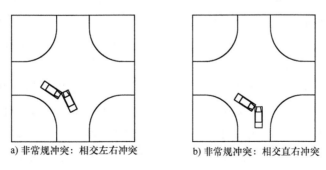

a) 非常规冲突:相交左右冲突   b) 非常规冲突:相交直右冲突

图4.5 常见的交叉口机动车非常规冲突

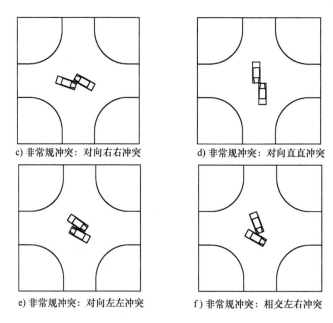

图 4.5 常见的交叉口机动车非常规冲突（续）

4.1.4 交通冲突的安全改善

由前面分析可知，交叉口的交通冲突分为常规冲突和非常规冲突两类，即：

$$Con = Con(常规) + Con(非常规) \tag{4.1}$$

对于一个交叉口，在其交通设计（即交叉口几何形状、交通组织方式和交通控制方式）确定的情况下，其交叉口内部的交通流运行规则和走向也是基本确定的。在这一前提下，给定交叉口输入的交通流量，我们可以大致估计出其常规交通冲突发生的概率和数量。也就是说，常规交通冲突是可预测的。

然而，由于交叉口的条件、交通流、交通管理组织方式、地形、时间段等因素的影响，还存在着许多非常规冲突。交叉口中非常规冲突是交叉口冲突中最大的不确定因素。对于非常规冲突，是无法从理论上进行分析的，只能通过实地调查获取。一个理想的交叉口，其交通冲突数应该等于常规交通冲突数。

非常规交通冲突因为其不可预测，往往较之常规冲突具有更大的危险性。因而认清这些冲突类型，找出其发生原因，在交通安全设计中予以减少或避免，可以有效促进交叉口交通安全水平的提高。在交叉口形式、内部交通流组织和和控制方式不做大的变动的情况下，交叉口交通安全设计和改善的主要任务之一，就是要减少或避免非常规冲突，使交叉口的交通冲突总数逼近交叉口的常规冲突数。交叉口交通安全设计的另一个主要任务，是通过对交叉口空间交通设计方案和交通控制方案的优化，达到减少常规交通冲突点的目的。

4.2 交叉口理论交通冲突一般计算模型

4.2.1 无控交叉口交通冲突一般计算模型

文献［14-16］提出了无控交叉口交通冲突一般计算模型，下文将予以总结归纳。

4.2.1.1 模型基本假设

交叉口理论交通冲突的一般计算模型的假设前提如下：
- 假设1：交叉口是正常设计、控制和管理，不存在非常规冲突。
- 假设2：交叉口各交通流到达规律的分布已知。
- 假设3：交叉口不同交通冲突点发生的交通冲突是相互独立的。

4.2.1.2 临界可接受间隙

根据前面的定义，当两个交通对象进入同一时空区域，若不采取避险措施将导致交通事故，便称为交通冲突。

以机动车为例。对于交叉口的机动车而言，当一辆车到达停车线时，如果在交叉口内有别的车辆正在行驶，致使该到达停车线的车辆减速等待，不能正常通过交叉口，这便是一个冲突（图4.6）。当两冲突车流的车辆到达停车线的时间差很小时，就有可能发生冲突。反之，当可能发生冲突时，虽有两车都减速和相互观望，但根据礼貌和习惯，总是有一侧先通过交叉口。一般习惯是先到达车辆先通过，

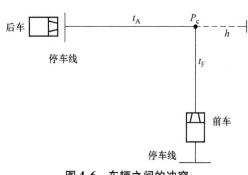

图4.6 车辆之间的冲突

后到达车辆减速等待，然后安全通过。此时，等待通过的车辆就产生一个冲突，自然也受到一定的延误。

如图4.6所示，P_c 为冲突点。在正常情况下，保证后车安全通过交叉口的必要条件是：

$$t_{EA} \geqslant t_{EF} + h + t_F - t_A \tag{4.2}$$

式中，t_{EA} 为前车进入交叉口的时刻；t_{EF} 为后车进入交叉口的时刻；t_F 为前车从停车线到冲突点 P_c 的行驶时间（s）；t_A 为后车从停车线到冲突点 P_c 的行驶时间（s）；h 为保证安全条件下后车与前车相继通过冲突点的最小车头时距，称为最小冲突时距。通常情况下 h 可以取临界接受间隙。

令

$$H = h + t_F - t_A \tag{4.3}$$

H 称为冲突点的安全冲突时间。一旦两车进入冲突区域的时间间隔小于 H，则称为一个冲突。

4.2.1.3 无控冲突点基本计算模型

假设流向 A 和流向 B 都经过同一个冲突点 i。若在时间 H_i 内，A 流向有交通对象到达冲突区域的概率为 $P_A = P_A(k \geq 1)$，在时间 H_i 内，B 流向有交通对象到达冲突区域的概率为 $P_B = P_B(k \geq 1)$。当在时间 H_i 内，A 流向和 B 流向都同时有交通对象到达时，这时将发生一个交通冲突，其概率 P_i 为：

$$P_i = P_A(k \geq 1)P_B(k \geq 1) \tag{4.4}$$

式中，P_i 为时间 H 内冲突点发生冲突的概率；$P_A(k \geq 1)$ 为时间 H 内 A 流向有车到达的概率；$P_B(k \geq 1)$ 为时间 H 内 B 流向有车到达的概率。

对于给定的时间段 T，冲突点 A 向车流和 B 向车流的理论冲突次数为：

$$C_i(T) = \frac{T}{H_i}P_i = P_A(k \geq 1)P_B(k \geq 1) \tag{4.5}$$

若交叉口存在 n 个冲突点，可知交叉口在给定时间段 T 内的理论交通冲突数为：

$$C = \sum_{i=1}^{n} C_i(T) = T\sum_{i=1}^{n} \frac{P_i}{H_i} \tag{4.6}$$

4.2.2 优先控制冲突点理论交通冲突计算

4.2.2.1 优先控制冲突点的交叉冲突

优先控制冲突点交叉冲突计算方法最早由韩直提出。对于优先控制的冲突点而言，其交通冲突同样是指在 Δt 时间内，两股冲突车流 ij 和 $i'j'$ 同时到达冲突点。但是，与无控冲突点不同，优先控制交叉口存在交通让行的情况。由于让行引发的冲突包括两种情况：

1）若车流 ij 先通过冲突点，则车流 $i'j'$ 将采取措施（减速、制动、转向等）避免与车流 ij 发生碰撞。

此时发生冲突的概率为：

$$\begin{aligned} P_1(C) &= P_{i'j'}(k > 0) \cdot [P_{ij}(1) + 2P_{ij}(2) + \cdots + nP_{ij}(n) + \cdots] \\ &= P_{i'j'}(k > 0) \sum_{n=1}^{+\infty} n \cdot P_{ij}(n) \end{aligned} \tag{4.7}$$

由泊松分布的性质：

$$P_{ij}(k) = \frac{m}{k}P(k-1) \tag{4.8}$$

有

$$\begin{aligned} \sum_{n=1}^{+\infty} n \cdot P_{ij}(n) &= [P_{ij}(1) + 2P_{ij}(2) + \cdots + nP_{ij}(n) + \cdots] \\ &= \left[mP_{ij}(0) + 2\frac{m}{2}P_{ij}(1) + \cdots + n\frac{m}{n}P_{ij}(n-1) + \cdots\right] \\ &= m\sum_{n=0}^{+\infty} P_{ij}(n) = m \end{aligned} \tag{4.9}$$

又已知：

$$P_{i'j'}(k>0) = 1 - P_{i'j'}(k=0) = 1 - e^{-\lambda_{i'j'}\Delta t} \tag{4.10}$$

故

$$P_1(C) = (1 - e^{-\lambda_{i'j'}\Delta t})\lambda_{ij}\Delta t \tag{4.11}$$

2) 若车流 $i'j'$ 先通过冲突点，则车流 ij 将采取措施（减速、制动、转向等）避免与车流 $i'j'$ 发生碰撞。

同理可知，此时在冲突点发生冲突的概率为：

$$P_2(C) = (1 - e^{-\lambda_{ij}\Delta t})\lambda_{i'j'}\Delta t \tag{4.12}$$

在冲突点，上述两种情况都有可能发生。其发生概率与各自流量大小有关，即

$$P(\mathrm{Con}) = \frac{[P_1(C)\lambda_{ij} + P_2(C)\lambda_{i'j'}]}{\lambda_{ij} + \lambda_{i'j'}} = \frac{(1 - e^{-\lambda_{i'j'}\Delta t})\lambda_{ij}^2 \Delta t + (1 - e^{-\lambda_{ij}\Delta t})\lambda_{i'j'}^2 \Delta t}{\lambda_{ij} + \lambda_{i'j'}} \tag{4.13}$$

在时间 T 内发生冲突的次数为：

$$\begin{aligned} N_{ij-i'j'} &= \frac{T}{\Delta t} \cdot \frac{(1 - e^{-\lambda_{i'j'}\Delta t})\lambda_{ij}^2 \Delta t + (1 - e^{-\lambda_{ij}\Delta t})\lambda_{i'j'}^2 \Delta t}{\lambda_{ij} + \lambda_{i'j'}} \\ &= T\frac{(1 - e^{-\lambda_{i'j'}\Delta t})\lambda_{ij}^2 + (1 - e^{-\lambda_{ij}\Delta t})\lambda_{i'j'}^2}{\lambda_{ij} + \lambda_{i'j'}} \end{aligned} \tag{4.14}$$

4.2.2.2 优先控制冲突点的追尾冲突

所谓追尾冲突，是指在 Δt 时间内，两股冲突车流 ij 和 $i'j'$ 同时到达冲突点，由于一股车流率先通过，另一股车流采取避险措施等候，致使其后续车辆有可能发生追尾冲突。优先控制冲突点的追尾冲突包括两种情况：

1) 若车流 ij 先通过冲突点，则车流 $i'j'$ 将采取措施（减速、制动、转向等）避免与车流 ij 发生碰撞，此时车流 $i'j'$ 有后续车辆到达形成追尾。

此时 $i'j'$ 车流发生追尾冲突的概率为：

$$P_1(C) = P_{ij}(k>0) \cdot [P_{i'j'}(2) + 2P_{i'j'}(3) + \cdots + (n-1)P_{i'j'}(n) + \cdots] \tag{4.15}$$

令

$$\begin{aligned} &[P_{i'j'}(2) + 2P_{i'j'}(3) + \cdots + (n-1)P_{i'j'}(n) + \cdots] + 1 \\ &= [P_{i'j'}(2) + 2P_{i'j'}(3) + \cdots + (n-1)P_{i'j'}(n) + \cdots] + [P_{i'j'}(0) + P_{i'j'}(1) + \cdots \\ &+ P_{i'j'}(n) + \cdots] = P_{i'j'}(0) + P_{i'j'}(1) + 2P_{i'j'}(2) + 3P_{i'j'}(3) + \cdots + nP_{i'j'}(n) + \cdots \\ &= P_{i'j'}(0) + \sum_{k=1}^{\infty} kP_{i'j'}(k) \end{aligned}$$

已知 $\sum_{k=1}^{+\infty} kP_{i'j'}(k) = m'$，则有

$$[P_{i'j'}(2) + 2P_{i'j'}(3) + \cdots + (n-1)P_{i'j'}(n) + \cdots] + 1 = P_{i'j'}(0) + m'$$

即

$$P_{i'j'}(2) + 2P_{i'j'}(3) + \cdots + (n-1)P_{i'j'}(n) + \cdots = P_{i'j'}(0) + m' - 1 = e^{-m'} + m' - 1 \tag{4.16}$$

于是得到：

$$P_1(C) = P_{ij}(k>0) \cdot [P_{i'j'}(2) + 2P_{i'j'}(3) + \cdots + (n-1)P_{i'j'}(n) + \cdots]$$
$$= (1 - e^{-\lambda_{ij}t})(e^{-\lambda_{i'j'}t} + \lambda_{i'j'}t - 1)$$

(4.17)

2) 若车流 $i'j'$ 先通过冲突点，则车流 ij 将采取措施（减速、制动、转向等）避免与车流 $i'j'$ 发生碰撞，此时车流 ij 有后续车辆到达形成追尾冲突。

同理可得到：

$$P_2(C) = P_{i'j'}(k>0) \cdot [P_{ij}(2) + 2P_{ij}(3) + \cdots + (n-1)P_{ij}(n) + \cdots] \quad (4.18)$$
$$= (1 - e^{-\lambda_{i'j'}t})(e^{-\lambda_{ij}t} + \lambda_{ij}t - 1)$$

在冲突点，上述两种追尾情况都有可能发生。其发生概率与流量大小有关，即

$$P(\text{Con}) = \frac{[P_1(C)\lambda_{i'j'} + P_2(C)\lambda_{ij}]}{\lambda_{ij} + \lambda_{i'j'}}$$
$$= \frac{(1-e^{-\lambda_{ij}t})(e^{-\lambda_{i'j'}t} + \lambda_{i'j'}t - 1)\lambda_{ij} + (1-e^{-\lambda_{i'j'}t})(e^{-\lambda_{ij}t} + \lambda_{ij}t - 1)\lambda_{i'j'}}{\lambda_{ij} + \lambda_{i'j'}}$$

(4.19)

在时间 T 内发生追尾冲突的次数为：

$$N_{ij\text{-}i'j'} = \frac{T}{t} \cdot \frac{(1-e^{-\lambda_{ij}t})(e^{-\lambda_{i'j'}t} + \lambda_{i'j'}t - 1)\lambda_{ij} + (1-e^{-\lambda_{i'j'}t})(e^{-\lambda_{ij}t} + \lambda_{ij}t - 1)\lambda_{i'j'}}{\lambda_{ij} + \lambda_{i'j'}}$$

(4.20)

4.3 无控交叉口理论交通冲突计算模型的改进

4.3.1 无控十字交叉口机动车交通冲突计算

4.3.1.1 基本定义、符号和假设

（1）基本符号

无控平面交叉口机动车之间的交通冲突按车辆前进方向可作如下分类：

1）交叉：包括横断与交织，交通流从两个不同的方向进入交叉口，然后按两个不同的方向离开交叉口，这时一个方向的交通流与另一方向的交通流产生一个交叉点。交叉冲突可进一步划分为对向左直冲突、相交左直冲突、相交直行冲突、相交左左冲突四种形式。其命名原则是：第一个词表示进口道方向关系，如东南进口道为"相交"；第二个词表示相交叉的流向，如"左左"表示两个进口道的左转流向。"相交左左冲突"实为相交进口道左转车流之间的交叉冲突。

2）合流：两个或两个以上方向的交通流汇合成一个方向的交通流。合流冲突也可进一步划分为右直合流冲突、左直合流冲突两种形式。

3）分流：交通流由一个方向分成两个或两个以上不同的方向。

十字型无控交叉口共有 4 个对向直左冲突点、4 个相交直左冲突点、4 个相交直行冲突点、4 个相交左左冲突点、4 个直左合流冲突点、4 个直右合流冲突点，以及 4 个左右合流冲突点。

为便于描述交叉口的入口及各车流流向，对交叉口的各入口及交通流编号，如图 4.7 所示。

设：$i = 1, 2, 3, 4$，表示交叉口的 4 个入口；$j = 1, 2, 3$，表示左转、直行、右转三个方向的车流；λ_{ij} 表示 i 入口 j 流向的流率，单位为辆/s；H 表示可接受间隙；P_{ij} 表示在时间 Δt 内 i 入口 j 车流发生冲突的概率；C 表示在时间 T 内 i 入口 j 车流发生冲突的概率；q_{ij-kl} 表示在时间 H 内 i 入口 j 车辆与 k 入口 l 车流发生交通冲突的概率；C_{ij-kl} 表示在时间 H 内 i 入口 j 车辆与 k 入口 l 车流发生交通冲突的次数。

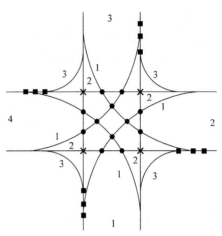

■ 合流冲突点　× 直行冲突点　● 左转冲突点

图 4.7　交叉口交通冲突点示意图

设每个冲突点上发生的交通冲突都是相互独立的，则有：

$$C_{ij} = \sum_k \sum_l C_{ij-kl} \tag{4.21}$$

（2）安全冲突时间

令安全冲突时间 H 为：

$$H = h + t_F - t_A \tag{4.22}$$

式中，H 为安全冲突时间（s）；$t_F - t_A$ 为相冲突车流车辆自停车线到冲突点的行驶时间差。

则公式可简化为：

$$t_{EA} \geq t_{EF} + H \tag{4.23}$$

该公式的意义是当前车在 t_{EF} 时刻进入交叉口，则后车必须在安全冲突时间 H 之后才能进入交叉口。H 值的大小与冲突点的位置、类型、前后车的流向及冲突车流车辆通过的先后次序等因素有关。因为无控交叉口通常没有停车线，或者虽有停车线但没有交通信号，所以对机动车驾驶人没有实质性的约束意义。此处的停车线可以假想为距离冲突点一定距离的虚拟停车线，而且对无控交叉口，可以假设 $t_F = t_A$，则有：

$$H = h \tag{4.24}$$

式（4.22）可以简化为：

$$t_{EA} \geq t_{EF} + h \tag{4.25}$$

（3）理论假定

1）假定 1：交叉口为标准十字形无控交叉口，四个方向均为双向两车道。

2）假定 2：交叉口路面条件和视线良好。

3）假定 3：交叉口的四个方向车辆到达均服从泊松分布，且无车辆以车队的形式进入交叉口。

4）假定4：交叉口车辆从虚拟停车线到冲突点的时间均相等，即 $H=h$。

5）假定5：不考虑分流冲突。

（4）基本计算模型

该模型最早由张树升和韩直等人提出。假设流向A和流向B都经过同一个冲突点。若在时间 H 内，A流向和B流向都同时有车到达，则发生冲突的概率为：

$$P_C = P_A(k \geq 1)P_B(k \geq 1) \tag{4.26}$$

式中，P_C 为时间 H 内冲突点发生冲突的概率；$P_A(k \geq 1)$ 为时间 H 内A流向有车到达的概率；$P_B(k \geq 1)$ 为时间 H 内B流向有车到达的概率。

由于交叉口各个入口车流均服从泊松分布，可知：

$$P_A(k \geq 1) = 1 - e^{-\lambda_A H} \tag{4.27}$$

$$P_A(k \geq 1) = 1 - e^{-\lambda_B H} \tag{4.28}$$

式中，λ_A 为A向车流的到达率（辆/s）；λ_B 为B向车流的到达率（辆/s）。

于是，有

$$P_C = (1 - e^{-\lambda_A H})(1 - e^{-\lambda_B H}) \tag{4.29}$$

对于给定的时间段 T，冲突点A向车流和B向车流的理论冲突次数为：

$$q_T = \frac{T}{H}(1 - e^{-\lambda_A H})(1 - e^{-\lambda_B H}) \tag{4.30}$$

当 $T=3600s$ 时，得到：

$$q_{3600} = \frac{3600}{H}(1 - e^{-\lambda_A H})(1 - e^{-\lambda_B H}) \tag{4.31}$$

式（4.30）即为该冲突点的理论小时冲突量。

4.3.1.2 无控十字交叉口交通冲突理论计算方法存在不足

相关文献提出的无控十字交叉口交通冲突计算模型，存在以下几个不足：

1）模型假设各个冲突点之间是相互独立的。在交通流量较小时，假设成立。但交通流量达到一定程度后，有可能有多辆车在冲突时间 H 内同时到达交叉口，此时，将出现交通冲突点之间相互影响的状况。

2）对不同的冲突点的临界间隙采用加权平均的方法获得，即对交叉口所有冲突点，采用同样的 H 值。对于不同的冲突点，其临界间隙相差很大（例如，左转临界间隙是右转临界间隙的近2倍）。对不同的冲突点，应采用相应的临界间隙。

3）对于不同的车型，采用通行能力计算中的车型换算值，不适用于交通冲突中车型的换算。

4）对交叉口的交通冲突类型未进行区分。理论计算值只能预测常规冲突，不能预测出非常规冲突。以往无控交叉口交通冲突理论模型计算精度不高，是因为受到了非常规冲突的影响。

4.3.1.3 冲突点间的相互作用分析

无控交叉口交通冲突之间发生相互影响的前提是，交叉口同时存在2种或2种以上的交通冲突。此种情况可描述为在安全冲突时间 H 内有 3 辆或 3 辆以上的车辆同时到达交叉口。考虑无控交叉口各向均为一条进口道,也就是无控交叉口在安全冲突时间 H 内同时有三个或四个方向有车辆到达,其概率可以表示为:

$$P_{3d} = P_A(k \geq 1)P_B(k \geq 1)P_C(k \geq 1)$$
$$P_{3d} = P_A(k \geq 1)P_B(k \geq 1)P_C(k \geq 1)P_D(k \geq 1) \quad (4.32)$$

考虑到无控交叉口交通流量较小的情况,交叉口四个方向同时有车到达的概率很小,因此仅考虑三个方向有车到达的情况下交通冲突的相互影响。

三个方向有车到达的可分为三种情形:三个方向车辆到达同 1 个冲突点;三个方向车辆形成 2 个冲突点;三个方向车辆形成 3 个冲突点。

设在安全冲突时间内到达交叉口的车辆有且仅有 3 个方向的来车,于是可以得到上述 3 车冲突组合的可能性为:$3 \times 9 \times 6 = 162$ 种。

根据交通冲突的定义,交通冲突实质是在指两辆车辆保持原有状态将发生碰撞的前提下发生的,因此,若有双方保持原有状态(方向、速度)并不会导致碰撞,则不构成交通冲突。因此,在多车存在的情况下,A 车为避免与 B 车辆发生碰撞,采取了避险行为(如制动),其交通状态发生了改变,将使 A 车与 C 车发生交通冲突的可能性不再存在。此即为交通冲突相互作用的基本原理。

(1)三个方向车辆到达同一个冲突点

如图 4.8 所示,三个方向的车辆到达交叉口同一个合流冲突点。若认为冲突点间相互独立,则应有 3 次交通冲突。但在实际观测中,由于冲突点之间的相互作用,将有 a、b、c 三种可能性,能够观察到的冲突数仅为 2 次。因此,交通冲突计算的概率公式为:

$$2 \times P_{11}(k > 0)P_{21}(k > 0)P_{33}(k > 0) \quad (4.33)$$

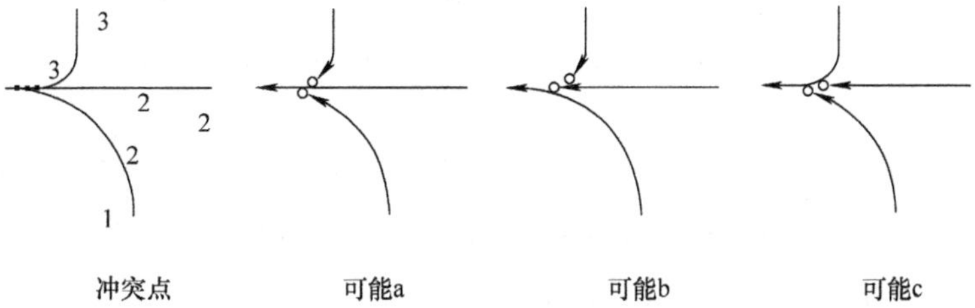

图 4.8 三个方向车辆到达同一冲突点

根据对无控交叉口的分析,可知此类交通冲突情况共有 4 种,见表 4.2。

表 4.2 无控交叉口三个方向车辆到达同一冲突点之流向分布组合

序号	流向 1	流向 2	流向 3
1	13	42	31
2	23	12	41
3	33	22	11
4	43	32	21

（2）三个方向车辆形成2个冲突点

如图4.9所示，三个方向的车辆到达交叉口后可能形成2个冲突点。此种情形在一个流向需要穿越或交汇其他两个不相交流向时发生。在图4.9中，将流向1称为穿越流向，流向2称为第一被穿越流向，流向3称为第二被穿越流向。若认为冲突点间相互独立，则应有2次交通冲突，即1-2和1-3。但在实际观测中，由于冲突点之间的相互作用，将有两种可能性a和b。在a情况下，能够观察到的冲突数为2次，即1-2、1-3；在b情况下，由于流向1采取避让措施后，改变了交通状态，使1与3之间无发生交通冲突可能，此时能观察到的冲突数仅为1次。发生a情况和b情况的概率与穿越流向选择穿越还是避让第一被穿越流向有关，与第二被穿越流向无关。根据习惯，交叉口遵循FIFO规则，流量越大的流向，先到达交叉口的概率越大。因此流向1穿越流向2的概率可表述为 $\frac{q_1}{q_1+q_2}$，流向1避让流向2的概率可表述为 $\frac{q_2}{q_1+q_2}$。故观察到的交通冲突总概率为：

$$P_1(k>0)P_2(k>0)P_2(k>0) \times \left(2 \times \frac{q_1}{q_1+q_2} + \frac{q_2}{q_1+q_2}\right)$$

$$= P_1(k>0)P_2(k>0)P_3(k>0) \times \frac{2q_1+q_2}{q_1+q_2} \tag{4.34}$$

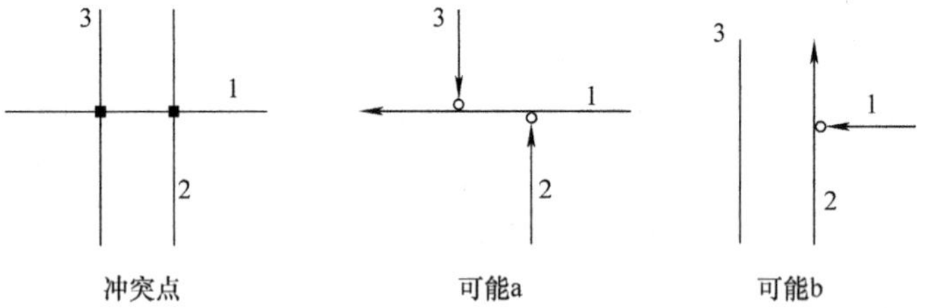

图4.9 三个方向车辆形成2个冲突点

对无控交叉口而言，3个方向流向形成2个冲突点并相互影响的情况有多种组合。3个流向形成2个冲突点发生交通冲突的概率与三个方向同时有车辆到达交叉口的概率有关，同时也与穿越流向之流量及第一被穿越流向之流量有关。因此，需要找出所有3个流向形成2个冲突点的组合，同时需要对流向进行排序以区分穿越流向、第一被穿越流向和第二被穿越流向。为筛选出无控所有可能组合，需要按照穿越顺序对穿越流向和被穿越流向进行编码。

首先对无控交叉口所有流向依次编码。将图4.7中的进口道流向编码转换为从1到12的数字编码，见表4.3。

表4.3 无控交叉口进口道流向编码

原编码	11	12	13	21	22	23	31	32	33	41	42	43
新编码	1	2	3	4	5	6	7	8	9	10	11	12

然后，对与穿越流向a相交的流向序列进行编码：与a相交的第一个流向b，与a相交

的第2个流向b……观察到每个流向最多与6个流向相交，即为一个流向编号构成的1×6行矢量。相交流向不足6个的情况，用元素0补齐。于是得到无控交叉口12个流向之穿越流向编码表（表4.4）。

表4.4　无控交叉口穿越流向编码矩阵

流向	相交流向1	相交流向2	相交流向3	相交流向4	相交流向5	相交流向6
1	11	4	10	8	9	5
2	11	7	4	5	6	10
3	11	7	0	0	0	0
4	2	7	1	11	12	8
5	2	10	7	8	9	1
6	2	10	0	0	0	0
7	5	10	4	2	3	11
8	5	1	10	11	12	4
9	5	1	0	0	0	0
10	8	1	7	5	6	2
11	8	4	1	2	3	7
12	8	4	0	0	0	0

将得到的流向编号转换为图4-7的编号，得到3流向2冲突点的所有组合，见表4.5。

表4.5　无控交叉口3流向2冲突点之流向组合

序号	穿越流向	被穿越流向1	被穿越流向2	序号	穿越流向	被穿越流向1	被穿越流向2
1	11	42	33	19	31	22	13
2	11	42	22	20	31	22	42
3	11	21	41	21	31	41	21
4	11	21	33	22	31	41	13
5	11	41	33	23	31	21	13
6	12	42	22	24	32	22	42
7	12	42	23	25	32	22	43
8	12	31	23	26	32	11	43
9	12	21	41	27	32	41	21
10	21	12	43	28	41	32	23
11	21	12	32	29	41	32	12
12	21	31	11	30	41	11	31
13	21	31	43	31	41	11	23
14	21	11	43	32	41	31	23
15	22	12	32	33	42	32	12
16	22	12	33	34	42	32	13
17	22	41	33	35	42	21	13
18	22	31	11	36	42	11	31

（3）三个方向车辆形成3个冲突点

如图 4.10 所示,三个方向的车辆到达交叉口后可能形成 3 个冲突点。若认为冲突点间相互独立,则应有 3 次交通冲突。但在实际观测中,由于冲突点之间的相互作用,将有 a、b、c 三种可能性。在这三种情况下,可观察到的交通冲突数均为 2 次。于是,这种情况下交通冲突的概率计算公式为:

$$2P_{12}(k>0)P_{22}(k>0)P_{31}(k>0) \tag{4.35}$$

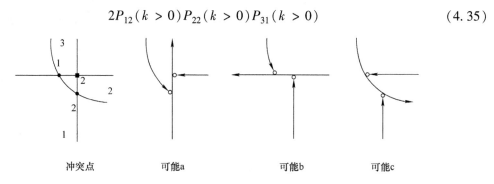

图 4.10 三个方向车辆形成 3 个冲突点

根据对无控交叉口的分析,此类交通冲突情况共有 20 种,见表 4.6。

表 4.6 无控交叉口 3 流向 3 冲突点之流向组合

序号	流向1	流向2	流向3	序号	流向1	流向2	流向3
1	11	21	32	11	12	22	41
2	11	21	42	12	12	23	41
3	11	22	32	13	12	31	41
4	11	22	33	14	12	31	42
5	11	22	41	15	13	31	42
6	11	32	41	16	21	31	42
7	11	32	42	17	21	32	42
8	12	21	31	18	21	32	43
9	12	21	42	19	22	31	41
10	12	22	31	20	22	32	41

4.3.1.4 不考虑冲突点之间相互作用时的交通冲突计算

由此可知,十字形无控交叉口共有 4 个对向直左冲突点,4 个相交直左冲突点,4 个相交直行冲突点,4 个相交左左冲突点,4 个直左合流冲突点,4 个直右合流冲突点,4 个左右合流冲突点。由于无控交叉口交通流量一般都较小,在 t_c 时间内到达 2 辆或 2 辆以上车辆的概率较小,因此此处不考虑分流冲突。

令 Q_{ij} 为 i 入口 j 流向产生的交通冲突数,q_{ij-kl} 为 i 入口 j 流向的车辆与 k 入口 l 流向的车流产生的交通冲突数,则有以下几种情况。

左转交通流冲突数为:

$$Q_{11} = q_{11-42} + q_{11-41} + q_{11-32} + q_{11-22}$$
$$Q_{21} = q_{21-12} + q_{21-11} + q_{21-42} + q_{21-32}$$

$$Q_{31} = q_{31-22} + q_{31-21} + q_{31-12} + q_{31-42}$$
$$Q_{41} = q_{41-32} + q_{41-31} + q_{41-22} + q_{41-12} \tag{4.36}$$

直行交通流冲突数为：
$$Q_{12} = q_{12-42} + q_{12-23}$$
$$Q_{22} = q_{22-12} + q_{22-33}$$
$$Q_{32} = q_{32-22} + q_{32-43}$$
$$Q_{42} = q_{42-32} + q_{42-13} \tag{4.37}$$

右转交通流冲突数为：
$$Q_{13} = q_{13-31}$$
$$Q_{23} = q_{23-41}$$
$$Q_{33} = q_{33-11}$$
$$Q_{43} = q_{43-21} \tag{4.38}$$

其中，q_{11-42}、q_{11-41}、q_{11-32}、q_{21-12}、q_{21-11}、q_{21-42}、q_{31-22}、q_{31-21}、q_{31-12}、q_{41-32}、q_{41-31}、q_{41-22} 共 12 个左转冲突的安全冲突时间取左转临界间隙 H_l；q_{12-42}、q_{22-12}、q_{32-22}、q_{42-32} 共 4 个直行冲突的安全冲突时间取直行临界间隙 H_t；q_{12-23}、q_{22-33}、q_{32-43}、q_{42-13}、q_{13-31}、q_{23-41}、q_{33-11}、q_{43-21} 共 8 个合流冲突的安全冲突时间取合流临界间隙 H_r。

对于观测时间 T（单位为 s），可得到各个方向上的交通流理论冲突数。

$$Q_{11}^T = \frac{T}{H_l}(1 - e^{-\lambda_{11}H_l})(3 - e^{-\lambda_{42}H_l} - e^{-\lambda_{41}H_l} - e^{-\lambda_{32}H_l}) + \frac{T}{H_r}\lambda_{11}\lambda_{22}e^{-\lambda_{11}H_r}e^{-\lambda_{22}H_r} \tag{4.39}$$

$$Q_{12}^T = \frac{T}{H_t}(1 - e^{-\lambda_{12}H_t})(1 - e^{-\lambda_{42}H_t}) + \frac{T}{H_r}(1 - e^{-\lambda_{12}H_r})(1 - e^{-\lambda_{23}H_r}) \tag{4.40}$$

$$Q_{13}^T = \frac{T}{H_r}(1 - e^{-\lambda_{13}H_r})(1 - e^{-\lambda_{31}H_r}) \tag{4.41}$$

$$Q_1^T = \sum_{j=1}^{3} Q_{1j}^T \tag{4.42}$$

同理可求得 N_2^T, N_3^T, N_4^T，于是有：

$$Q^T = \sum_{i=1}^{4} Q_i^T = \sum_{i=1}^{4}\sum_{j=1}^{3} Q_{ij}^T \tag{4.43}$$

当 $T = 3600s$ 时，所求即为该无控交叉口理论小时冲突量。

4.3.1.5 考虑冲突点之间相互作用时的交通冲突计算

在交叉口流量较大时，将出现 3 个方向的车辆同时到达交叉口并相互发生冲突的情况。按照上节的分析，此时的交通冲突数少于冲突点相互独立假设时的计算冲突数。文献 [16] 在验证中亦注意到了模型在交叉口流量较大时计算值偏大的问题，提出应在交叉口流量大于 700pcu/h 时乘以一个系数，该系数为 0.88 ~ 0.96，一般可以取 0.92。但未指出该系数的来源。

根据 4.3.1.3 节提出的交通冲突点相互影响机理，考虑 3 类不同流向组合，可以得到：
冲突数 = 总冲突 - 相互作用减少冲突数，即：

$$Q = Q^T - \sum_{i=1}^{4} Q_i^{3-1} - \sum_{j=1}^{36} Q_j^{3-2} - \sum_{k=1}^{20} Q_k^{3-3} \tag{4.44}$$

式中，Q^T 为不考虑交通冲突点相互作用时得到的交通冲突数；Q_i^{3-1} 为 3 个流向汇于同一冲突点的第 i 种组合下减少的冲突数；Q_j^{3-2} 为 3 个流向形成 2 个冲突点的第 j 种组合下减少的冲突数；Q_k^{3-3} 为 3 个流向形成 3 个冲突点的第 k 种组合下减少的冲突数。

4.3.2 无控 T 形交叉口交通冲突计算

图 4.11 为无控 T 形交叉口交通冲突点示意图。可见，无控 T 形交叉口冲突点远少于十字形无控交叉口，见表 4.7。

直接应用十字无控交叉口理论交通冲突计算公式，并令 $q_{13} = q_{21} = q_{22} = q_{23} = q_{31} = q_{42} = 0$，即可得到无控 T 形交叉口理论交通冲突计算公式。

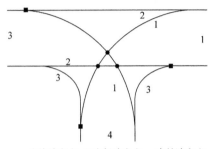

■ 合流冲突点　× 直行冲突点　● 左转冲突点

图 4.11　无控 T 形交叉口交通冲突点示意图

表 4.7　无控 T 形交叉口与十字形交叉口交通冲突点比较

交叉口类型	左转冲突点	直行冲突点	合流冲突点	冲突点合计
十字交叉口	12	4	12	28
T 形交叉口	3	0	3	6

4.3.3 相关参数的讨论

4.3.3.1 车速与临界间隙

根据王炜等人的研究，我国公路无控交叉口各类车辆的临界可接受间隙推荐值见表 4.8。

表 4.8　无控交叉口各类车辆可接受间隙推荐值

车辆类型	小客车	中型车	大型车	拖挂车
主路左转	5	6.0	7.0	7.0
支路左转	5.5	6.5	7.5	8.0
支路直行	5.0	6.0	7.0	7.0
支路右转	3.0	3.5	4.0	4.5

实际上，影响临界间隙的因素除了通常所谈到的车辆类型、车道数、交叉口几何形状和环境条件、驾驶人特性外，一个很重要的因素是与被穿越车辆的速度及穿越车流本身速度有关。一般来说，被穿越车流的速度越大，所需临界间隙就越大，见表 4.9。然而在我国已进行的道路交叉口通行能力研究中，给出的可接受间隙值没有考虑车速的影响因素，是一个遗憾。

表4.9 无信号控制交叉口临界穿越间隙（HCM）

车辆运行方式	平均车速			
	30mile/h		55mile/h	
次要道路右转	5.5	5.5	6.5	6.5
次要道路左转	6	6.5	7	7.5
次要道路直行	5.5	6.0	6.5	7.0
主要道路左转	5	5.5	5.5	6

注：1mile/h=1.61km/h。

美国HCM给出了平均车速为30mile/h和50mile/h下的无信号控制交叉口的临界穿越间隙。对于30~50mile/h之间的平均行驶车速，临界间隙可以用内插法求得。因此，根据插值法求得美国小型汽车在时速50km/h时的临界间隙见表4.10。

表4.10 小型汽车在主要道路车速50km/h时的临界穿越间隙（HCM）

主要道路左转	次要道路左转	次要道路直行	次要道路右转
5.025	6.05	5.55	5.55

以表4.8调查数据为基准，运用插值法，得到我国小型汽车不同车速下的可接受间隙临界参考值见表4.11。以40km/h为例，表4.11的临界间隙推算值为4.88s，文献［23］提出的临界间隙值为4.84s，二者基本一致。

表4.11 我国小型汽车不同车速下的可接受间隙临界参考值 （单位：s）

平均车速/(km/h)	30	35	40	45	50	55	60
主要道路左转	4.75	4.81	4.88	4.94	5.00	5.06	5.13
次要道路左转	5.00	5.13	5.25	5.38	5.50	5.63	5.75
次要道路直行	4.75	4.81	4.88	4.94	5.00	5.13	5.25
次要道路右转	2.75	2.81	2.88	2.94	3.00	3.13	3.25

据此，可以得到不同道路平均车速下的右转合流理论交通冲突数，如图4.12、图4.13所示。

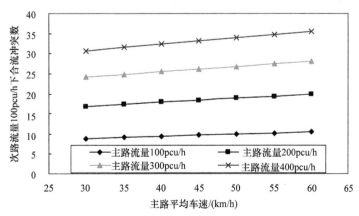

图4.12 右转汇入冲突数与主路平均车速的关系1

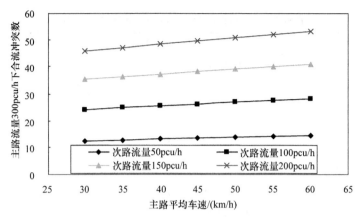

图 4.13　右转汇入冲突数与主路平均车速的关系 2

可见，随着主路平均车速的增加，理论合流冲突数也随之上升。主路流量增大的情况下，上升幅度也增加。

4.3.3.2　车辆换算系数

以往的交通冲突研究，对于不同车型的流量换算系数，一般均取的是相关规范中的推荐值。然而，上述推荐值是基于交通通行效率确定的，并不适用于交通冲突的理论计算。

对于某冲突点的车流，设一股为标准小客车，一股为某特殊车型，特殊车型与小客车冲突的临界间隙为 t_a，小客车与小客车之间冲突的临界间隙为 t，小客车与特殊车型的换算系数为 a，小客车到达率为 λ_1，特殊车型到达率为 λ_2，则有：

$$(1-e^{-\lambda_1 t})(1-e^{-a\lambda_2 t}) = (1-e^{-\lambda_1 t_a})(1-e^{-\lambda_2 t_a}) \quad (4.45)$$

求解得到：

$$a = -\frac{1}{\lambda_2 t}\ln\left[1 - \frac{(1-e^{-\lambda_1 t_a})(1-e^{-\lambda_2 t_a})}{1-e^{-\lambda_1 t}}\right] \quad (4.46)$$

令 $\lambda_2 = b\lambda_1$，则有：

$$a = -\frac{1}{b\lambda_1 t}\ln\left[1 - \frac{(1-e^{-\lambda_1 t_a})(1-e^{-b\lambda_1 t_a})}{1-e^{-\lambda_1 t}}\right] \quad (4.47)$$

可见，换算系数与不同车型的临界冲突时间、不同冲突方向流量有关。图 4.14 所示为不同车型在不同流量、不同临界冲突时间下的换算系数。

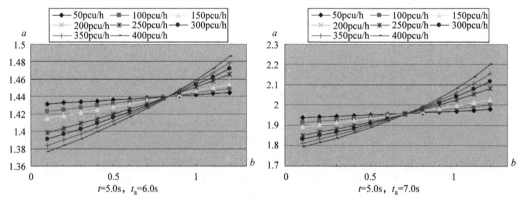

图 4.14　冲突车型换算系数

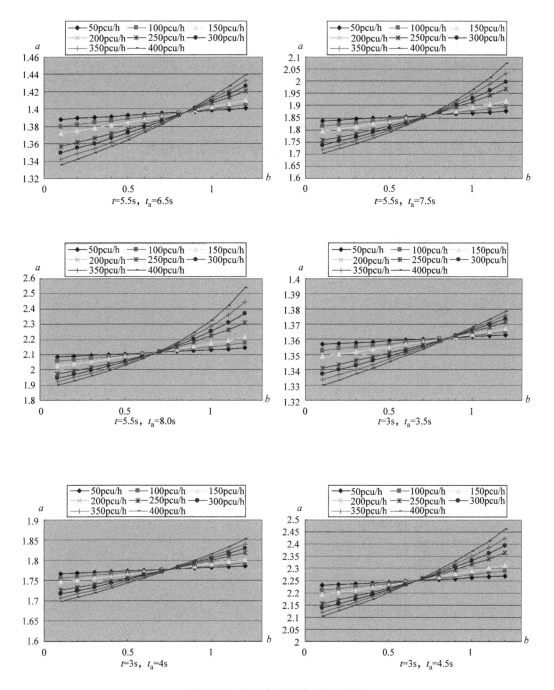

图 4.14 冲突车型换算系数（续）

根据表 4.8 对于不同车型的临界间隙，取流量平均值，得到相应车型交通冲突计算流量的换算系数，见表 4.12。

表 4.12 同冲突车型换算系数

车辆类型	小客车	中型车	大型车	拖挂车
主路左转	1	1.4	2.0	2.0
支路左转	1	1.4	1.9	2.1
支路直行	1	1.4	2.0	2.0
支路右转	1	1.4	1.8	2.3

4.4 改进后的无控交叉口理论交通冲突模型的验证

针对前文提出的无控交叉口理论交通冲突计算模型，采用上海市鞍山路－锦西路、江浦路－扬州路两个无控制交叉口观测的机动车流量和机动车交通冲突进行了验证。

上海市鞍山路－锦西路交叉口属于无信号控制十字交叉口，南北向为鞍山路，东西向为锦西路。其中，东、西，无渠化，只有一停车线；南，一进一出；北，一进一出。南北有中心单黄线。观测时间为 2003 年 2 月 24 日，累计观测时间为 2h，采用 15min 为一个计时时段，共得到 8 个观测时段数据。

上海市江浦路－扬州路为无信号控制十字交叉口，南北为江浦路，东西为扬州路。南北向一进一出，有中心单实线，车行道宽度为 10m；东西向一进一出，均无渠化，仅在接近交叉口处设有一条停车线。东西向在进口道设有停车让行标志（图 4.15）。调查期间天气晴朗，地面干燥，能见度很好。观测时间为 2009 年 5 月 20 日 12：30—17：30，累计观测时间为 2.5h，采用 15min 为一个计时时段，共得到 10 个观测时段数据。

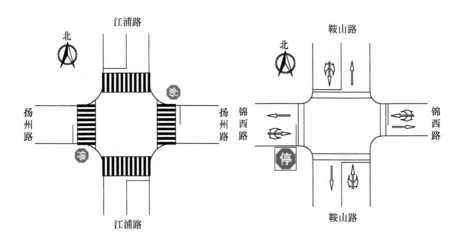

图 4.15 观测交叉口交通渠化和组织平面图

4.4.1 交通到达规律检验

应用交叉口交通冲突理论计算模型的假设前提是，交通到达服从泊松分布。为此，需要

Encounter阶段：无控交叉口交通冲突模型 第4章

对交叉口到达规律分布进行检验。取江浦路－扬州路交叉口之江浦路南进口道作为分析对象。以5s为一个观测间隔，对进口道车辆到达规律进行观测，连续观测800s，得到160个样本数据。其观测结果见表4.13。

表4.13　江浦路－扬州路南进口道交通到达观测结果

车辆到达数（辆）/5s	频次	累计到达车辆数
0	99	0
1	39	39
2	19	38
3	3	9
合计	160	86

可知在观测间隔内，车辆平均到达率为86/160 = 0.5375 辆/5s。

假设交通到达规律服从泊松分布，应用χ^2检验，见表4.14。

表4.14　交通到达分布的χ^2检验

到达车辆数	观测频次	泊松分布理论频率 P	理论频次 nPi	$\dfrac{(f_i - nP_i)^2}{nP_i}$
0	99	0.584	93.473	0.327
1	39	0.314	50.242	2.515
2	19	0.084	13.502	2.238
>3	3	0.017	2.783	0.017
合计	160	1	160	5.097

因为分组$k = 4$，$r = 1$，自由度$k - r - 1 = 2$，查χ^2分布表得：

$$\chi^2 = 5.097 < \chi^2_{0.05}(2) = 5.991 \tag{4.48}$$

故在显著性水平$\alpha = 0.05$下接受原假设，认为该管制交叉口进口道车辆到达在采样间隔为5s时服从泊松分布，可以采用上述模型进行交通冲突计算。

4.4.2　交通冲突观测样本

交叉口交通冲突定义为：当一辆机动车到达（假想）停车线时，如果交叉口内有别的机动车辆正在行驶，致使该到达停车线的车辆减速甚至停车等待，不能正常通过交叉口，就是一次冲突。观测时，如果相冲突流向车辆有明显的变速（速度减至进口道车速的一半及更小）、未按行驶轨迹正常转弯、停车等非正常行驶状态出现，即视为冲突。根据上述两个交叉口获得的常规交通冲突调查数据和流量调查数据，并运用文献［14－16］和本书提出改进后的冲突计算模型进行验证，见表4.15、表4.16和图4.16。

表 4.15 观测值与改进前后的模型计算值

序号	交叉口名称	观测冲突数	原模型		改进后模型	
			计算值	相对误差	计算值	相对误差
1	江浦路-扬州路	22	24.9	13.0%	20.4	-7.5%
2		28	33.5	19.6%	27.1	-3.4%
3		25	29.7	18.7%	23.8	-4.7%
4		11	14.4	31.1%	12.5	13.6%
5		19	18.0	-5.3%	15.6	-17.9%
6		21	17.3	-19.2%	15.1	-29.4%
7		17	14.4	-15.4%	13.0	-23.6%
8		14	15.6	11.6%	13.7	-1.9%
9		14	23.6	69.5%	19.9	42.8%
10		19	23.0	21.3%	19.5	2.4%
11	鞍山路-锦西路	13	22.9	76.4%	19.9	52.8%
12		15	17.1	13.7%	15.3	2.2%
13		25	15.2	-39.2%	14.0	-43.9%
14		23	19.0	-17.4%	17.0	-26.2%
15		29	29.5	1.6%	25.8	-11.1%
16		34	34.4	1.1%	29.6	-12.9%
17		27	23.9	-11.7%	21.1	-21.8%
18		19	25.6	34.5%	22.8	20.2%

表 4.16 模型改进前后与观测值相对误差之比较

	改进前	改进后
相对误差之均值	0.11329	-0.0391
相对误差之方差	0.28672	0.24440

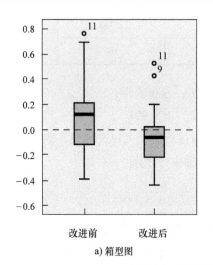

a) 箱型图

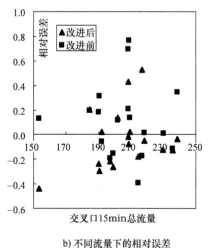

b) 不同流量下的相对误差

图 4.16 模型改进前后误差分布图

由分析可知，考虑交通冲突点相互作用的无控交叉口交通冲突预测模型较之改进前模型预测精度有所提高。通过对 2 个交叉口 16 个时段的分析表明，相对误差均值之绝对值由 11.3% 减少为 3.9%，减少了 65.5%，相对误差分布的方差由 0.28672 减少为 0.24440，减少了 17.2%。

4.4.3 样本相对误差分布检验

对改进后的模型理论值与观测值的相对误差出现频次进行统计,并绘制相对误差频率直方图,如图 4.17 所示,图形近似服从正态分布。

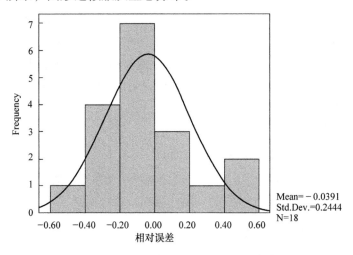

图 4.17 样本相对误差分布直方图

为确定常规交通冲突的实际观测值与理论计算值样本之间的相对误差是否服从正态分布,需进行检验。非参数检验常用的方法有 χ^2 检验和 K-S 检验。由于 χ^2 检验对数据量有一定要求,并且要求检验每一组的频次至少要大于 5。如果观测次数少,K-S 检验更为有用。为保证检验有效性,进一步采用 K-S 检验。K-S 检验又称柯尔莫哥洛夫-斯米尔诺夫拟合适度检验,是用来检验拟合适度的另一方法。它也是非参数或自由分布检验,检验原理是量测两累积概率分布之间的最大垂直差数。

设 $H_0: X \sim N(-0.0391, 0.2444^2)$,采用 Spss 软件对相对误差数据进行 K-S 检验,得到结果见表 4.17。

表 4.17 One-Sample Kolmogorov-Smirnov Test

		Best
N		18
Normal Parameters (a, b)	Mean	-.0391
	Std. Deviation	.24440
Most Extreme Differences	Absolute	.175
	Positive	.175
	Negative	-.093
Kolmogorov-Smirnov Z		.744
Asymp. Sig. (2-tailed)		.638

a Test distribution is Normal. b Calculated from data.

由结果：显著性（双尾）$p = 0.6388 > 0.50$，支持 H_0 假设，即理论计算数据与实际常规冲突观测样本数据之间的相对误差在显著性水平 0.25 下服从来自 $N(-0.0391, 0.2444^2)$ 的正态分布。

4.4.4 相对误差正态总体均值检验

交通冲突理论计算模型是否可用，关键是看该模型的计算值与常规冲突观测值是否吻合。由前文可知，常规冲突的观测值与理论计算值的相对误差的样本服从正态分布。现在提出理论假设，设无控交叉口交通冲突模型计算理论值与实际观测值相对误差的全体服从正态分布 $N(0, \sigma^2)$，认为预测值是实际值的无偏估计。即假设 $H_0: \mu = 0$，$H_1: \mu \neq 0$。由前述相对误差的样本数据运用 t 检验：

$$|t| = \frac{|\overline{X} - \mu_0|}{S/\sqrt{n}} = \frac{|-0.0391 - 0|}{0.2444/\sqrt{18}} = 0.67875 \tag{4.49}$$

取显著性 $\alpha = 0.10$，查表得 $t_{0.05}(17) = 1.3062 > 0.67875$，故接受 H_0，拒绝 H_1，认为常规冲突与理论冲突的相对误差均值为 0。由此证明：模型改进后得到的交通冲突理论计算值是实际常规冲突观测值的无偏估计。

4.4.5 无控交叉口流量与交通冲突数之变化趋势验证

以往观测表明，无控交叉口总流量与交通冲突的之间并不是单纯的正向关系，而是呈现一个先上升，再趋于平稳，最后缓慢下降的趋势。文献[23]的研究结果表明，公路平面交叉口交通冲突率随总流量的增加而增加，冲突率的变化在曲线前半段持续上升，当交叉口总流量大于 1600 辆/h 时，冲突率的变化区域平稳，且有下降趋势，如图 4.18 所示。文献[19]对上海、深圳的交叉口交通冲突调查亦得到了类似结果，如图 4.19 所示。

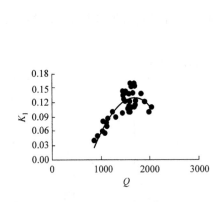

图 4.18 公路无控交叉口流量与冲突率

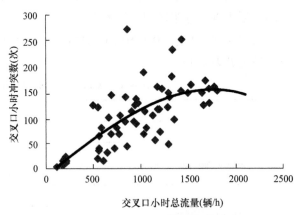

图 4.19 城市无控交叉口流量与冲突数

设无控交叉口各向流量均相等，得到模型改进前和改进后交叉口交通冲突的计算值。图 4.20 为原模型的计算值，由图可知，因为未考虑交叉口的冲突点之间的相互作用，原模型计算出的交通冲突与交叉口流量之间呈现指数上升关系，与实际观测不符。改进后的模型如

图 4.21 所示，模型很好地反映了交叉口冲突随流量增加先上升，接着趋于平稳，最后缓慢下降的过程，其冲突开始缓慢下降的流量区间为 1400～1500 辆/h，与文献［19，23］的观测基本吻合。

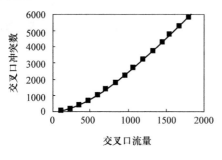

图 4.20　模型改进前

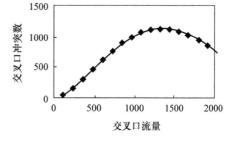

图 4.21　模型改进后

本章参考文献

［1］张苏. 交通冲突技术［M］. 成都：西南交通大学出版社，1998.

［2］刘小明，段海林. 平面交叉口交通冲突概率分布模型及安全评价标准研究［J］. 交通工程，1997（1）：32－37，43.

［3］过秀成. 道路交通安全学［M］. 南京：东南大学出版社，2001.

［4］American Association of State Highway and Transportation Officials. Strategic Highway Safety Plan［R］. http：//safety. transportation. org.

［5］OGDEN K W. Safer Roads：A Guide to Road Safety Engineering［M］. Cambridge：Great Britain at the University Press，1997.

［6］公安部交通管理局. 中华人民共和国道路交通事故统计资料汇编（2004.2006）［R］. 无锡：公安部交通管理科学研究所.

［7］罗霞. 平面交叉口综合治理［D］. 成都：西南交通大学，2001.

［8］杨晓光等. 珠海市道路交通安全规划［R］. 同济大学道路和交通工程研究所：2005.

［9］杨晓光等. 龙岩市道路交通安全规划［R］. 同济大学道路和交通工程研究所：2006.

［10］上海市公安局交通警察总队，上海市公安局巡警总队. 上海市道路交通事故年鉴［R］. 上海，2000－2002.

［11］裴玉龙. 道路交通事故成因分析和对策研究［D］. 南京：东南大学，2002.

［12］任福田等译. 道路通行能力手册［M］，北京：中国建筑工业出版社，1991.

［13］王岩，龙科军等. 上瑞高速湖南湘潭－邵阳段交通运行参数后评价研究［R］，长沙：湖南省交通工程学会，2008.

［14］韩直. 交叉口的冲突与交叉口的信号化［J］. 西安公路学院学报，1990（2）：32－35.

［15］韩直. 无控制交叉口的交通冲突次数的计算方法［J］. 重庆交通学院学报，1989（4）：15－18.

［16］张树升，张晓燕. 无信号交叉口冲突与延误的研究［J］. 西安公路学院学报，1989（9）：55－57.

［17］赵恩棠，刘晞柏. 道路交通安全［M］. 北京：人民交通出版社，1990.

［18］王炜等. 公路无控交叉口通行能力研究［M］. 北京：人民交通出版社，2003.

[19] 蒲文静. 城市道路平面交叉口交通安全设计研究 [D]. 上海：同济大学，2004.
[20] 丹尼尔·鸠洛夫. 交通流理论 [M]. 北京：人民交通出版社，1983.
[21] GB 14886—2006，交通信号灯设置和安装规范 [S].
[22] 高海龙，等. 无信号交叉口临界间隙的理论计算模型 [J]. 中国公路学报，2001（4）：21-24.
[23] 袁黎，王文卿，项乔君，等. 公路平面交叉口交通冲突分析模型研究 [J]. 公路，2009（2）：17-19.

第 5 章
Encounter阶段：无控交叉口交通分布与交通冲突

5.1 无控十字交叉口交通到达规律与常规交通冲突

由第 4 章的分析可知，影响无控交叉口常规交通冲突次数的因素主要有：交叉口流量大小、交叉口总流量在各进口道上的分配比例、进口道各流向流量的比例以及交叉口的临界间隙。在交叉口几何条件、管理方式确定的情况下，交叉口临界间隙一般为定值，因此影响无控交叉口交通冲突次数的主要是前三个因素，即交叉口的交通流分布和到达特性。

用数学模型可表达为：

$$\text{Con} = f(q, r_{ij}) \tag{5.1}$$

式中，q 为交叉口总流量；r_{ij} 为交叉口 i 方向进口道 j 流向的流量占交叉口流量的比例；$i=1, 2, 3, 4$；$j=1, 2, 3$。

对一个交叉口而言，我们需要了解无控交叉口交通冲突的发生规律，关键是需要了解无控交叉口在何种交通流量到达规律下，交通冲突最小或最大。

5.1.1 交叉口流量分配与交通冲突

5.1.1.1 主次路流量分配与交通冲突

设交叉口同一条道路的两个进口道流量相等，各个方向进口道流向的比例相同，在交叉口总流量一定的情况下，交叉口的交通冲突与主要和次要道路的流量比例有关，如图 5.1～图 5.3 所示。

通过分析可知：当交叉口主路和次路流量相等时，交叉口交通冲突取得最大值；当交叉口仅有主路或仅有次路有交通流量时，交叉口交通冲突取得最小值。当交叉口各流向流量相等时，交通冲突风险取得最大值；当交叉口仅有主路或仅有次路有交通流量时，交叉口交通冲突风险取得最小值。

5.1.1.2 进口道流向与交通冲突

设交叉口东南西北四个方向进口道的流量均相同，且每个进口道不同流向的比例均相同，在交叉口总流量一定的情况下，交叉口的交通冲突主要与进口道左转、直行、右转的比例有关，如图 5.4、图 5.5 所示。

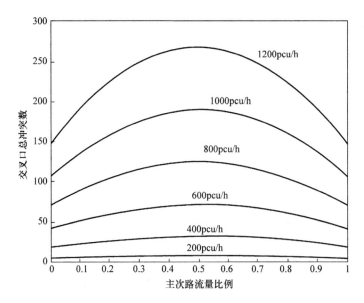

图5.1 主次路流量比例与交叉口冲突数的关系

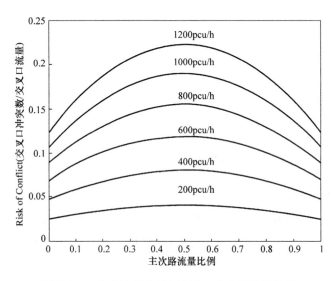

图5.2 主次路流量比例与交叉口冲突风险的关系

在交叉口东南西北四个方向进口道的流量均相同,且每个进口道不同流向的比例均相等,交叉口总流量一定的情况下,可以得到以下结论:

1)交叉口交通冲突最大值在右转比例为0时取得,交叉口交通冲突最小值在右转比例为100%时取得。

2)交叉口进口道右转流量比例越大,交叉口交通冲突次数越少。当交叉口4个进口道的右转比例均为100%时,交叉口的交通冲突取得最小值0,即无交通冲突。

3)随着右转流量比例的下降,交叉口交通冲突无论最大值、最小值均呈上升趋势。

4)右转流量比例一定的情况下,左转比例为0时,交叉口交通冲突取得最小值。

Encounter阶段：无控交叉口交通分布与交通冲突　第5章

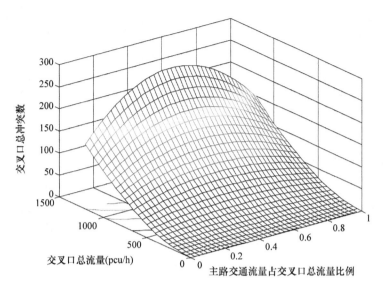

图5.3　交叉口总流量、主次路交通流量比例与交叉口交通冲突

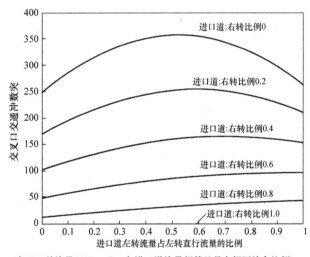

（交叉口总流量1200pcu/h，各进口道流量相等且具有相同流向比例）

图5.4　进口道流向与交通冲突

5）右转流量比例一定的情况下，交叉口交通冲突最大值的取得与左转、直行流量的分配有关。当右转比例为0，交叉口冲突取得最大值时，左转流量占左转直行总流量的比例为一个大于0.5的数。随着右转比例的上升，交叉口冲突取得最大值时，左转流量占左转直行总流量的比例趋向于1。

6）交叉口交通冲突取得最大值时，左转流量占左转直行总流量的比例的取值与左转临界间隙与直行临界间隙的比值有关。左转临界间隙越大，该比例越大，如图5.6、图5.7所示。

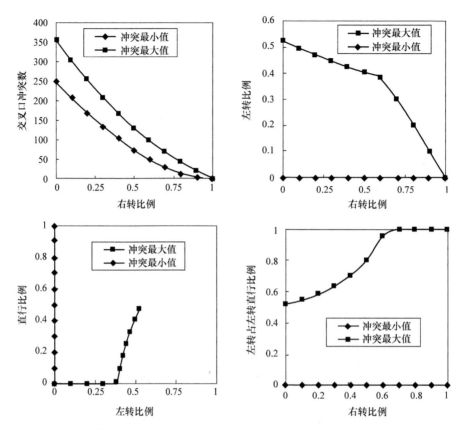

(交叉口总流量1000pcu/h，各向进口道流量相等且具有相同流向比例)

图 5.5　进口道流向比例与交叉口冲突取得极值

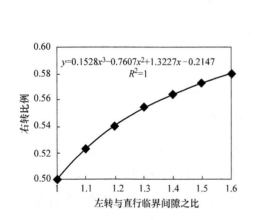

图 5.6　交通冲突取得最大值时左转流量比例与临界间隙的关系

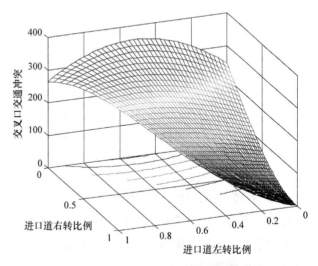

图 5.7　进口道流向比例系数与交通冲突

5.1.1.3 主次路流量比例—进口道流向比例与交通冲突

当交叉口总流量一定,四个方向进口道右转流量均为0,左转、直行比例一定,对向进口道流量相同时(图5.8),得到主路-次路流量比例、左转-直行比例与交通冲突的关系结论如下:交叉口冲突数在(0,0)、(0,1)、(1,0)、(1,1)四个点取得极小值0。也就是说,当主路或次路有一方流量为0,且所有进口道只有左转或直行一种流量时,交叉口的交通冲突取得极小值0,即交叉口无冲突。

交叉口总流量为1000pcu/h,主次路交通流量相等时,交叉口冲突数在(0.52,0.5)取得极大值358。此时,进口道左转流量比例约为0.52,直行流量比例约为0.48。

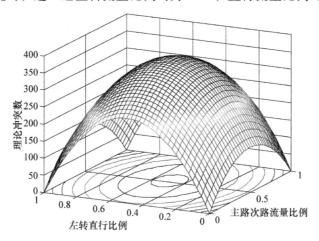

图5.8 主路-次路流量比例、左转-直行比例与交通冲突

5.1.2 交叉口总流量—主次路流量比例—进口道流向全局寻优

对于一个无控交叉口,需要了解在总流量一定的情况下,寻找主路-次路的流量比例以及各进口道流量比例的组合方式,使得该无控交叉口的交通冲突取得最大值和最小值的条件即优化问题。

$$\min f(q, r_{ij}) \text{ 或 } \max f(q, r_{ij}) \tag{5.2}$$

$$\text{s.t.} \sum_{i=1}^{4}\sum_{j=1}^{3} r_{ij} = 1$$

$$r_{ij} \geq 0$$

$$q \geq 0$$

式中,r_{ij}为交叉口i方向进口道j流向的流量占交叉口总流量的比例。

目标函数是一个非线性函数,共有13个变量,无法采用线性规划方法求解。本节中采用遗传算法(Genetic Alogrithm)进行求解。

5.1.2.1 交叉口交通冲突最大值

采用遗传算法,以无控交叉口交通冲突数作为适应度函数,得到交叉口总流量一定情况下交通冲突的最大值与各向流量流向分布的关系,见表5.1和图5.9。

表 5.1 各流量下无控交叉口交通冲突取最大值的条件

交叉口总流量	最大冲突数	冲突取最大值时各向进口道不同流向流量占交叉口总流量的比例										
		11	12	13	21	22	23	31	32	33	41	42	43
50	1.3	0.00	0.29	0.00	0.30	0.00	0.00	0.23	0.00	0.00	0.00	0.18	0.00
100	5.1	0.00	0.29	0.00	0.30	0.00	0.00	0.23	0.00	0.00	0.00	0.19	0.00
200	19.7	0.00	0.28	0.00	0.30	0.00	0.00	0.23	0.00	0.00	0.00	0.19	0.00
300	42.7	0.00	0.28	0.00	0.29	0.00	0.00	0.23	0.00	0.00	0.00	0.20	0.00
400	73.1	0.00	0.28	0.00	0.29	0.00	0.00	0.23	0.00	0.00	0.00	0.21	0.00
500	110.2	0.00	0.28	0.00	0.29	0.00	0.00	0.23	0.00	0.00	0.00	0.21	0.00
600	153.2	0.00	0.27	0.00	0.28	0.00	0.00	0.23	0.00	0.00	0.00	0.21	0.00
700	201.2	0.00	0.27	0.00	0.28	0.00	0.00	0.23	0.00	0.00	0.00	0.22	0.00
800	253.8	0.00	0.27	0.00	0.28	0.00	0.00	0.23	0.00	0.00	0.00	0.22	0.00
900	310.3	0.00	0.27	0.00	0.27	0.00	0.00	0.23	0.00	0.00	0.00	0.22	0.00
1000	370.4	0.02	0.26	0.00	0.27	0.00	0.00	0.22	0.00	0.00	0.00	0.23	0.00
1100	433.8	0.04	0.24	0.00	0.27	0.00	0.00	0.21	0.00	0.00	0.00	0.23	0.00
1200	500.4	0.04	0.24	0.00	0.26	0.00	0.01	0.00	0.21	0.00	0.00	0.23	0.00

由此可见，与原先的估计不同，无控交叉口在交叉口总流量一定的前提下，若交通流呈特定分布（图5.10），尽管此时交叉口的冲突点仅有6个，其交通冲突取得最大值。因此，交叉口交通冲突点的多少并不能作为判断交叉口交通冲突数多少的标准，必须结合交通冲突点的类型和交通冲突点上交通流的到达规律来进行判断。

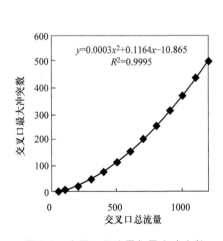

图 5.9 交叉口总流量与最大冲突数

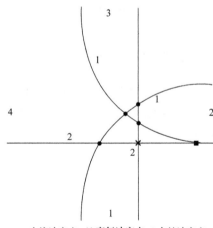

图 5.10 无控交叉口机动车交通冲突取得最大值时的流向分布

5.1.2.2 交叉口交通冲突最小值

对无控交叉口的交通冲突点分布进行分析可知，无控交叉口在其交通冲突点为0时取得交通冲突数的最小值：0。这些情况包括：

1）四个方向进口道均只有右转交通。
2）交叉口除一个进口外，其他三个进口流量均为0。

3）交叉口仅有一条道路进口道流量为 0，另一条道路对向进口道仅有一对相同流向有流量，其余流向流量为 0。

5.1.2.3　右转流量一定下的交通冲突最大值

在各进口道右转流量比例一定的情况下（右转流量比例依次取交叉口总流量比例的 10%～90%），得到交叉口冲突取最大值时各左转和直行进口道不同流向流量占交叉口总流量的比例，见表 5.2。当右转流量一定，依然在交通流量分布遵循（入口 1）直行—（入口 2）直行—（入口 3）左转—（入口 4）左转的特定比例下取得最大值，如图 5.11 所示。

表 5.2　右转流量一定下冲突取最大值时各向进口道流向比例

交叉口总流量	最大冲突数	各向进口道流量占交叉口总流量的比例											
		11	12	13	21	22	23	31	32	33	41	42	43
800 pcu/h	222.5	0.00	0.20	0.025	0.00	0.24	0.025	0.25	0.00	0.025	0.21	0.00	0.025
	191.5	0.00	0.17	0.050	0.00	0.22	0.050	0.22	0.00	0.050	0.18	0.00	0.050
	161.2	0.00	0.15	0.075	0.00	0.19	0.075	0.20	0.00	0.075	0.16	0.00	0.075
	131.9	0.00	0.13	0.100	0.00	0.17	0.100	0.17	0.00	0.100	0.14	0.00	0.100
	104.0	0.00	0.10	0.125	0.00	0.14	0.125	0.14	0.00	0.125	0.11	0.00	0.125
	77.8	0.00	0.08	0.150	0.00	0.11	0.150	0.12	0.00	0.150	0.09	0.00	0.150
	53.9	0.00	0.06	0.175	0.00	0.08	0.175	0.09	0.00	0.175	0.07	0.00	0.175
	32.6	0.00	0.04	0.200	0.00	0.06	0.200	0.06	0.00	0.200	0.05	0.00	0.200
	14.5	0.00	0.02	0.225	0.00	0.03	0.225	0.03	0.00	0.225	0.02	0.00	0.225

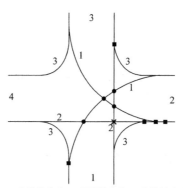

■合流冲突点　×直行冲突点　●左转冲突点

图 5.11　右转流量一定时交通冲突取最大值的流向分布

5.1.3　结果分析

应用无控交叉口交通冲突模型进行的分析表明，无控交叉口交通冲突受到交通冲突点分布和交通流到达规律的双重影响。对交通冲突点的优化、对交通流量和流向的调整都可以起到减少无控交叉口交通冲突的作用。从逻辑上推测，这一结论对信号控制交叉口应该也适用。

5.2 常见小型无控路网组织形式与常规交通冲突

常规交通冲突数取决于交通到达和交通冲突点的分布。对于不同的道路网络组织形式，其交通冲突数也呈现不同的分布规律。本节对三种常见小型无控道路网络形式在相同交通OD（起讫点）分布下的交通冲突数进行了理论计算分析。

5.2.1 路网条件和交通输入

5.2.1.1 网络基本形式

首先假定，网络中的所有道路均为双向两车道，车速限制为30km/h，单向通行能力为1000pcu/h，所有交叉口均为无控平面交叉口。按照网络的组织形式，可以分为：网络Ⅰ、网络Ⅱ和网络Ⅲ。

（1）网络Ⅰ

网络Ⅰ由4个T形交叉口、1个十字交叉口和12条边组成。路段长均为750m，A、B、C、D为交通发生和吸引点，如图5.12所示。

（2）网络Ⅱ

网络Ⅱ由8个T形交叉口和16条边组成。路段分别为500m和1000m，A、B、C、D为交通发生和吸引点，如图5.13所示。

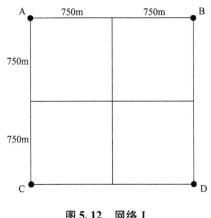

图5.12　网络Ⅰ

（3）网络Ⅲ

网络Ⅲ由8个T形交叉口、4个十字交叉口和24条路段组成。路段长均为500m，A、B、C、D为交通发生和吸引点，如图5.14所示。

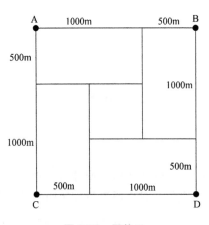

图5.13　网络Ⅱ

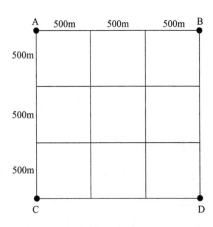

图5.14　网络Ⅲ

(4) 网络基本技术指标比较

一般的网络布局和结构评价技术指标通常包括：路网密度、等级级配、网络连接点指数、非直线系数、平均通行能力、时间可达性、空间可达性等指标，见表5.3。

表5.3 道路网络评价基本技术指标

指标名称	计算方法	说明
路网密度	路网密度 = $\dfrac{\text{区域内道路总长}}{\text{区域面积}}$	反映了路网的平均密度
等级级配	等级级配 = $\dfrac{\text{某一级道路总长度}}{\text{各级道路总长度}}$	反映了各级道路长度的比例
网络连接度指数	网络连接指数 = $\dfrac{2\times\text{路网总边数}}{\text{路网总节点数}}$	网络连接指数值越高，表明路网断头路越少，成环成网率越高
非直线系数	非直线系数 = $\dfrac{\sum\limits_{ij} R_{ij}q_{ij}}{\sum\limits_{ij} q_{ij}}$ 式中，$R_{ij} = \dfrac{\text{两节点间路上最短距离}}{\text{两节点间空间距离}}$； q_{ij}为节点i,j之间的出行分布量	反映了路网实际最短距离与空中直线距离之比
平均通行能力	平均通行能力 = $\dfrac{\sum \text{道路通行能力}\times\text{道路长度}}{\sum \text{道路长度}}$	
时间可达性	时间可达性 = $\dfrac{\sum\limits_{i}\sum\limits_{j} t_{ij}q_{ij}}{\sum\limits_{i}\sum\limits_{j} q_{ij}}$ 式中，t_{ij}为节点i,j之间的最短出行时间； q_{ij}为节点i,j之间的出行分布量	反映了出行的平均最短时间
空间可达性	空间可达性 = $\dfrac{\sum\limits_{i}\sum\limits_{j} s_{ij}q_{ij}}{\sum\limits_{i}\sum\limits_{j} q_{ij}}$ 式中，s_{ij}为节点i,j之间的最短出行路径； q_{ij}为节点i,j之间的出行分布量	反映了出行的平均最短距离

三个网络的基本数据比较见表5.4。

表5.4 网络基本技术指标

路网指标	网络Ⅰ	网络Ⅱ	网络Ⅲ
道路总长/km	9	10	12
区域面积/km²	2.25	2.25	2.25
路网密度/(km/km²)	4	4.44	5.33
路段数（边数）	12	16	24
节点数	9	12	16

(续)

路网指标	网络 I	网络 II	网络 III
网络连接点指数	2.67	2.67	3
T形交叉口	4	8	8
十字形交叉口	1	0	4
交叉点	28	24	88
合流点	3	0	12

5.2.1.2 交通 OD 分布

路网交通 OD 分布设定为：所有交通均为小型客车，不考虑行人和非机动车的影响。所有 OD 点之间的交通发生和吸引量均相等。路网上的交通输入为小时 OD，单位为 pcu，见表 5.5。

表 5.5 网络 OD 分布

吸引点＼发生点	1	2	3	4
1	Q_{11}	Q_{12}	Q_{13}	Q_{14}
2	Q_{21}	Q_{22}	Q_{23}	Q_{24}
3	Q_{31}	Q_{32}	Q_{33}	Q_{34}
4	Q_{41}	Q_{42}	Q_{43}	Q_{44}

并且有：

$$Q_{ij} = \begin{cases} Q_0 & i \neq j \\ 0 & i = j \end{cases} \tag{5.3}$$

5.2.2 交通分配方法

此处采用用户均衡（User Equilibrium）分配方法。

$$\min Z(x) = \sum_a \int_0^{x_a} t_a(w) \mathrm{d}w \tag{5.4}$$

s. t.
$$\sum_k f_k^{rs} = q_{rs}$$

$$f_k^{rs} \geq 0$$

$$x_a = \sum_r \sum_s \sum_k f_k^{rs} \delta_{a,k}^{rs}, \forall a$$

式中，f_k^{rs} 为 OD 对 rs 间路径 k 上的流量；x_a 为路段 a 的流量；$\delta_{a,k}^{rs}$ 为路径—路段关系系数；$t_a(x_a)$ 是路段 a 的阻抗函数。由于无控交叉口的交通流量一般都不大，在本节中不考虑车辆在无控交叉口的交通延误，主要考虑路段的交通延误。这里采用 BPR 公式。

$$t_a(x_a) = t_a^0 \left[1 + 0.15 \left(\frac{x_a}{C_a}\right)^4\right] \tag{5.5}$$

式中，t_a 为路段上的实际行程时间；q_a 为路段上的实际交通流量；t_a^0 为路段 a 上自由行程时间；C_a 为路段 a 的已有的实际通行能力。

UE（用户平衡模型）分配采用非常成熟的 Frank – Wolfe 求解方法，在此不再赘述。

5.2.3 结果分析

5.2.3.1 车均走行时间

车均走行时间随路网 OD 的变化如图 5.15 所示。

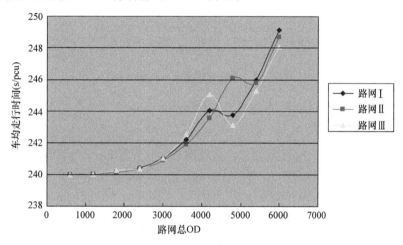

图 5.15 车均走行时间随路网总 OD 的变化

可见，在路网交通流量不大的情况下（路网小时 OD 为 6000pcu 时，路段平均饱和度约在 0.5 ~ 0.66 之间），随着路网饱和度的上升，三类路网的车均走行时间均呈现上升趋势，而且三类路网的车均走行时间无太大差别，其相互之间的差异小于 1%。

5.2.3.2 车均交通冲突

假设路网中没有其他交通方式，并且不考虑路段交通冲突，仅考虑交叉口交通冲突，得到三类路网在不同 OD 下的车均交通冲突值，如图 5.16、图 5.17 所示。

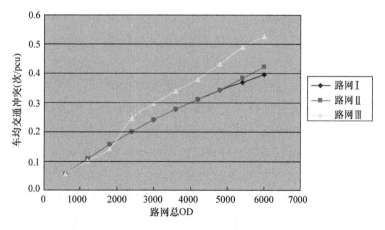

图 5.16 路网车均交通冲突随路网总 OD 的变化

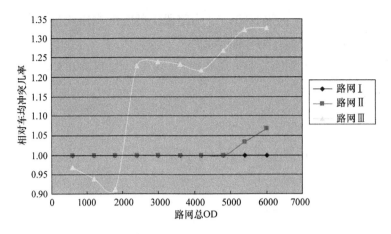

图 5.17 不同路网的车均冲突概率

由图 5.16 可见，在路网非饱和情况下，随着 OD 的上升，三类路网的车均冲突均呈现迅速上升趋势。

由图 5.17 可见，对于三类路网而言，在路网 OD 小于 2000pcu 时，网络Ⅲ的车均冲突数小于其他两类网络。在路网小时 OD 超过 2000pcu 后，路网Ⅰ和路网Ⅱ的流量车均冲突数仍然基本一致，而路网Ⅲ的常规交通冲突数迅速上升，比路网Ⅰ和路网Ⅱ平均高 20% 以上。

根据 Wardrop 原理，车流总倾向于在路网上均匀分布。道路密度较大的路网与密度较小的路网相比，其车流的分散程度更高，也就意味着同样 OD 下其平均饱和度小于密度较小的路网。在路网 OD 非常小的情况下，尽管密度大的路网车辆需要经过更多交叉口，但车流的稀疏使交通冲突的概率下降，使得总体交通冲突数量下降。

当 OD 增加到一定程度时，路网饱和度上升。车辆经过交叉口遭遇交通冲突的概率也迅速增大。此时，高密度路网交叉口平均冲突概率低的优势被交叉口多的特点所抵消，从而使得路网总体交通冲突数量上升。路网 OD 越大，高密度路网与低密度路网交通冲突的差别就越大。

因此，关于路网和交通冲突数，可以得到以下基本结论：

1) 同一路网，随着 OD 量的增加，车均冲突机会也迅速增加。
2) 在路网 OD 极小的情况下，高密度路网交通冲突数量少于低密度路网。
3) 在路网 OD 较小的情况下，路网密度越大，车均冲突机会越大。
4) 同样的 OD 下，交叉口数量相同时，T 形交叉口越多，车均冲突机会越小。

刘小明等的研究表明，交通冲突与交通事故存在着明显的正向关系。因此，对于计算得到的路网交通冲突数和车均冲突数，可以作为网络设计中交通安全评价的基础数据之一。实际上，对于一些流量较小的无控路网（如居住区或单位内部的路网），路网交通容量往往不是最主要的考虑目标，更多考虑的是安全和可达性。例如，国家标准《居住区设计规范》中提出，居住区道路网应遵循"通而不畅"的原则。上海市地方标准《城市居住区交通组织规划与设计规程》提出：居住区的道路交通应保障"安全、安静、便捷、舒适"。对于路网Ⅱ来说，根据理论计算，其可达性好于路网Ⅰ，而其机动车交通冲突概率小于路网Ⅲ，较好地兼顾了安全性和可达性。文献[6,7]指出，因为兼顾了通达性和安全性，路网Ⅱ是居住区、单位内部无信号控制小型路网组织的常见形式，这与本节理论分析的结论一致。

本章参考文献

[1] ABDULAAL M, LEBLANC L. Continuous equilibrium network design models [J]. Transportation Research B, 1979, 13: 19-32.

[2] GAO Z Y, WU J J, SUN H J. Solution algorithm for the bi-level discrete network design problem [J]. Transportation Research B, 2005, 39: 479-495.

[3] Yin Y F. Genetic-algorithm-based approach for bilevel programming models [J]. Journal of Transportation Engineering, 2000, 126 (2): 115-120.

[4] 陆化普. 交通规划理论与方法 [M]. 2版. 北京：清华大学出版社，2006.

[5] 刘灿齐. 现代交通规划学 [M]. 北京：人民交通出版社，2001.

[6] 蔡军. 城市路网结构体系规划 [M]. 北京：中国建筑工业出版社，2008.

[7] 上海市地方标准：上海市居住区交通组织规划与设计规程 [s]. 2007.

[8] 刘小明，段海林. 平面交叉口交通冲突概率模型及安全评价标准 [J]. 交通工程，1997 (1)：75-77.

第 6 章
城市道路交通系统规划中的安全过程分析

交通事故一般被认为是一个微观随机事件,其成因可以归结为人、车、路、环境中一个或几个具体要素的共同作用,这些因素主要与交通设计和管理有关,就尺度而言属于微观层面。而交通规划体系就其尺度而言属于宏观层面。尽管在规划总则中,一般都把交通安全放在首要位置,但在实际操作过程中,通常的做法是以通行能力相关指标(包括交通容量、通行能力、延误、出行时间等)作为核心指标来构建交通系统。交通安全并不是现有交通规划体系的主要优化目标和考虑因素。

然而,不应忽略这一事实,即交通事故是交通出行的结果之一,而影响交通出行的因素有很多。从道路和交通环境来说,涉及交通规划、设计和管理三个层次。除了直接相关的交通设计和交通管理因素之外,城市道路交通系统规划过程对交通出行的数量、方式、到达规律和空间分布规律产生决定性影响。

交通安全 4E 过程清晰地描述了交通出行与交通安全过程之间的关系。在交通暴露(Exposing)阶段,交通系统将出行需求转化为具体的交通出行行为,在微观上表现为交通时空的到达规律 Arrival (S_i, t_j),进而对交通冲突发生规律产生影响。其次,不同的交通出行路径和出行结构下,发生交通冲突和碰撞的概率以及发生交通碰撞后的伤害后果也不同。本章通过将交通安全 4E 过程与交通系统规划过程的结合,对交通规划中的安全问题进行初步的讨论。

6.1 交通安全的宏观描述

6.1.1 交通事故、暴露与风险

6.1.1.1 交通事故数据的描述

(1) 交通事故的多维描述

通常我们统计和描述交通事故时,最常用的是交通事故四项指数:交通事故次数、交通事故死亡人数、交通事故受伤人数、交通事故直接经济损失。例如,我们可以统计出,在过去的一年中,不同交通方式(步行、自行车、大客车、小客车、摩托车)各自的交通事故死亡人数。然而,如果要客观全面地描述交通事故的后果,则需要把交通事故的所有属性都概括进来。这些属性可以是交通事故后果,也可以是交通事故现场属性,也可以是交通事

人员属性等。

设 A 表示交通事故空间，A 可以用 n 个属性变量 x_1，x_2，x_3，$\cdots x_n$ 描述，即对 $\forall a \in A$，有

$$a = \{(x_1, x_2, \cdots, x_n) \mid x_1, x_2, \cdots, x_n > 0\} \tag{6.1}$$

可见，交通事故可以用一个 n 维空间向量来描述。有时根据需要，也可以选取其中的 1 维、2 维，$\cdots n-1$ 维来描述。例如，图 6.1 所示为某市 4 年内交通事故的 2 维描述（交通事故次数 – 交通事故死亡人数）。

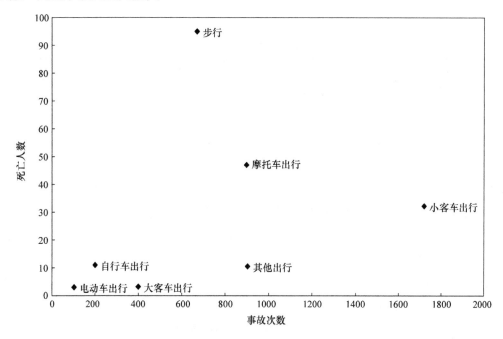

图 6.1 交通事故的 2 维描述

（2）交通方式与事故后果的多维描述

根据交通事故统计数据，交通事故的发生中除少部分是单方交通事故外，其余绝大部分事故是发生在两个或两个以上交通当事方之间的，而且事故后果对当事双方而言存在差别。例如，一个行人和一辆小汽车发生交通事故，可能造成行人死亡，而小汽车驾驶人安然无恙。瑞典 Lund 大学的 Nilsson 于 2004 年提出了交通事故矩阵的思想。为描述交通事故的这一信息，可以定义一个交通方式死亡后果矩阵，见表 6.1。

表 6.1 交通方式死亡后果矩阵

交通方式	单方事故	方式之间冲突				合计
		方式 1	方式 2	$\cdots$	方式 n	
方式 1	x_{10}	x_{11}	x_{12}		x_{1n}	x_1
方式 2	x_{20}	x_{21}	x_{22}		x_{2n}	x_2
$\cdots$						
方式 n	x_{n0}	x_{n1}	x_{n2}		x_{nn}	x_n

其中，方式 1，方式 2，…，方式 n 表示不同的交通出行方式；x_{ij} 表示方式 i 与方式 j 之间发生交通事故导致方式 i 死亡的人数；x_{i0} 表示方式 i 发生单方交通事故导致的交通事故死亡人数。

更进一步地考虑交通事故发生后不同交通方式的死亡比例，则有：

$$r_{ij} = \frac{x_{ij}}{x_{ij} + x_{ji}}$$
$$r_{i0} = 1 \tag{6.2}$$

于是得到交通事故死亡后果比例矩阵，见表 6.2。

表 6.2 交通方式死亡后果比例矩阵

交通方式	单方事故	方式之间事故死亡比例			
		方式 1	方式 2	…	方式 n
方式 1	1	r_{11}	r_{12}		r_{1n}
方式 2	1	r_{21}	r_{22}		r_{2n}
…					
方式 n	1	r_{n1}	r_{n2}		r_{nn}

表 6.1 和表 6.2 中的交通事故死亡数据也可以用伤亡人数、受伤人数、直接经济损失、事故等数据替代，这样就可以得到相应的交通方式伤亡（受伤、直接经济损失、事故强度）后果矩阵和后果比例矩阵。

例如，对某市 2001—2004 年交通事故死亡人数进行统计，得到交通事故死亡后果矩阵和交通事故死亡后果比例矩阵见表 6.3 和表 6.4。

表 6.3 交通方式死亡后果矩阵

交通方式	单方事故	方式之间事故死亡人数						合计
		行人	非机动车	摩托车	小客车	大客车	货车	
行人	—	—	—	11	83	12	34	140
非机动车	—	—	—	1	41	12	25	79
摩托车	10	0	2	1	15	4	13	45
小客车	16	0	0	1	3	1	8	29
大客车	2	0	1	0	0	0	1	4
货车	3	0	0	0	3	1	3	10

表 6.4 交通事故死亡后果比例矩阵

交通方式	单方事故	方式之间事故死亡比例					
		行人	非机动车	摩托车	小汽车	大客车	货车
行人	—	—	—	1.00	1.00	1.00	1.00
非机动车	—	—	—	0.33	1.00	0.92	1.00
摩托车	1	0.00	0.67	1.00	0.94	1.00	1.00

(续)

交通方式	单方事故	方式之间事故死亡比例					
		行人	非机动车	摩托车	小汽车	大客车	货车
小客车	1	0.00	0.00	0.06	1.00	1.00	0.73
大客车	1	0.00	0.08	0.00	0.00	1.00	0.50
货车	1	0.00	0.00	0.00	0.27	0.50	1.00

可见，交通事故死亡后果比例可以形象地表示出两种交通方式发生事故后的死亡比例。我们常有交通中的强者、弱者的说法，可见行人和非机动车是交通中绝对的弱者；与小客车、大客车和货车比较，摩托车又处于弱势地位；而小客车与大货车和大客车发生交通事故时，小客车又处于弱势地位。

当发生交通碰撞时，各交通方式由强到弱可以有如下排列：大客车 > 货车 > 小汽车 > 摩托车 > 非机动车 > 行人。

Nilsson 提出的矩阵仅考虑了两种交通方式之间的事故后果。更进一步地考虑，不失一般性，若交通系统中存在 n 种不同的交通方式，可以定义一个 n 维布尔空间 B $\{k_1, k_2, k_3, \cdots k_n\}$，$k_i = 0$ 或 1 $(i = 1, 2, \cdots n)$，$\forall k \in B$，有 $x_i(k)$ 存在，表示交通方式 i 在 k 种交通方式一起作用造成的死亡及伤害。例如，对存在五种交通方式的交通系统，$x_3(1, 0, 1, 0, 1)$ 表示第 1 种方式、第 3 种方式和第 5 种方式一起发生交通事故的造成第 3 种交通方式死亡人数（或受伤人数）。

6.1.1.2 交通暴露与交通风险

（1）交通暴露量（Exposure）的时空描述

交通暴露是一个用于描述出行者在道路交通系统中参与交通活动客观存在的多少程度的量。因为道路交通系统总是存在发生交通事故的可能性，所以交通出行参与者参与交通活动的程度越高，遭遇交通事故的可能性就越大。例如，专业驾驶员遭遇交通事故的可能性比一般人大，因为他们大部分时间都在道路上驾驶车辆。如果不参与交通，就不会有交通事故的发生。此外，许多交通事故预测模型也揭示了交通流量与交通事故之间的正相关性。

一般认为，可用于描述交通暴露的量很多。G. Al – Haji 指出，在国际宏观交通安全统计和评价中，人口规模、登记车辆数、道路网长度、驾驶证拥有数量、车（人）公里、道路使用者（人）公里、车（人）小时、道路使用者（人）小时、交通出行、交通状态等参数都可以用于描述交通暴露。

然而交通暴露（Exposure）只能用反映交通主体的交通活动客观存在多少的量来描述。换言之，交通暴露与交通客观活动之间应该存在映射关系（图 6.2）。

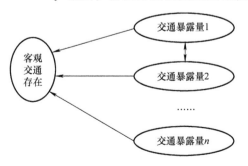

图 6.2 交通暴露与客观交通存在

根据第3章的分析，交通存在是一个时空运动过程，据此可以认为，仅有"交通参与主体（人或车）交通出行存在的次数、交通参与主体（人或车）所经历的累积空间量、交通参与主体（人或车）所经历的累积时间量可以用于描述交通暴露。也就是说，有以下三个参数可以用于描述交通暴露（Exposure）：①交通主体（人或车）出行累计次数；②交通主体（人或车）出行累计小时数；③交通主体（人或车）出行累计公里数。

可见，上述G. Al – Haji提出的Exposure描述指标中，人口规模、登记车辆数、道路网长度、驾驶证拥有数量、交通状态等参数，只能间接影响交通暴露，不能用于描述交通暴露的大小。上述间接影响量可以通过某种函数映射关系得到交通暴露量。

此外，根据时空的唯一性和确定性，交通主体的空间和时间是一致的。因此，交通主体（人或车）出行累计次数、交通主体（人或车）出行累计小时数、交通主体（人或车）出行累计公里数描述的是同一交通出行活动，由任一参数，根据其他辅助条件，可以推得另外两个参数。

（2）交通事故的风险描述

在进行交通事故分析时，交通事故的次数、死亡人数、受伤人数和交通事故直接经济损失，可以分别按照交通方式、车辆类型、道路特征、时间等参数进行分析。因为此类分析每次仅单独就交通事故的某一个属性进行分析，故可称为一维模型。换言之，一维模型描述的是交通事故数据与交通事故的某一个属性数据之间的关系。交通安全分析中最常见的就是一维模型。例如，我国公安部每年出版的《中华人民共和国道路交通事故白皮书》，所提供的交通事故分析数据均为一维模型。然而道路交通安全问题本身是个多维的问题。如果仅仅用一维模型描述，不能真正体现出交通系统的内在风险。

图6.3所示为我国2006年全年不同天气条件下交通事故死亡的人数所占的百分比。由图可见，晴天的交通事故死亡人数占到了总死亡人数的76.7%，雨天、雪天和雾天分别仅占8.7%、0.9%和1.2%。然而这并不代表晴天的交通安全状况没有雨天、雾天和雪天好。恰恰相反，根据交通安全管理常识，雨天、雾天、雪天比晴天更加危险。之所以该图不能反映出雨、雾、雪天的交通安全状况，正是因为该图描述的是一维模型，不能体现交通暴露（Exposure）与交通事故风险（Risk）之间的内在关系。

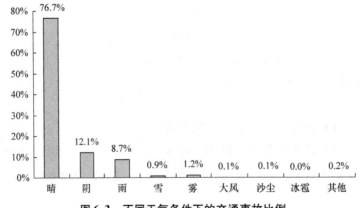

图6.3 不同天气条件下的交通事故比例

为了更好地体现交通事故的内在风险性,早在20世纪70年代,Koornstr等就提出:交通事故的发生次数(Accidents)与交通暴露量(Exposure)和风险(Risk)有关。

$$交通事故风险(Risk\ of\ Accident) = \frac{交通事故次数(Accidents)}{交通暴露量(Exposure)} \quad (6.3)$$

根据上节的结论,交通暴露量(Exposure)可以取交通主体(人或车)出行累计次数、交通主体(人或车)出行累计小时数、交通主体(人或车)出行累计公里数。该模型可以表示为:

$$交通事故次数(Accidents) = 交通暴露量(Exposure) \times 交通事故风险(Risk\ of\ Accident)$$
$$= 交通暴露量(Exposure) \times \frac{交通事故次数(Accidents)}{交通暴露量(Exposure)} \quad (6.4)$$

交通事故风险(Risk)实质上就是单位交通暴露量(Exposure)下遭遇交通事故的概率。因此,城市道路交通系统的宏观安全性可以用城市交通事故风险来描述。Risk越小,表明安全性越好。

6.1.2 宏观交通安全的二维描述

引入风险的概念后,对宏观交通安全可以采用二维描述。类似于矩形面积由其长度和宽度决定,Nilsson提出道路交通安全问题可以用交通暴露量(Exposure)和交通风险(Risk)来表示。

$$交通事故次数 = 交通风险(Risk) \times 交通暴露(Exposure) \quad (6.5)$$

以交通暴露量(Exposure)和交通风险(Risk)作为矩形的两个边,面积即为道路交通安全问题,如图6.4所示。通过比较面积,可以知道交通事故(伤亡或死亡)数;即使面积相同,也可以通过比较图中矩形的一个边——交通风险(Risk)的大小来获得交通安全指标。上述方法称为交通安全的二维描述。

图6.4 交通安全的二维描述

6.1.3 宏观交通安全的三维描述

在暴露量、风险二维的基础上再增加一维:事故后果(Consequence)。事故后果(Consequence)是指交通事故发生后的后果严重程度,可以用单位事故造成人员伤亡、死亡或财产损失的大小来衡量。

$$事故后果(Consequence) = \frac{交通事故死亡人数(伤亡人数或财产损失金额)}{交通事故次数(Accidents)} \quad (6.6)$$

可见,事故后果的单位是"(死亡或受伤)人/次(事故)"或"(财产损失)元/次(事故)"。事故后果(Consequence)的计算结果通常来自于事故和伤亡的统计数据。Consequence对于辨别危险的交通事故类型和改善交通事故紧急救援体系具有重要的参考价值。

于是有以下公式:

$$交通安全问题 = 交通暴露 \times 交通风险 \times 事故后果 \tag{6.7}$$

或表示为：

$$交通事故伤亡人数 = 交通暴露量 \times \frac{交通事故数}{交通暴露量} \times \frac{交通事故伤亡数}{交通事故数}$$

$$交通事故死亡人数 = 交通暴露量 \times \frac{交通事故数}{交通暴露量} \times \frac{交通事故死亡数}{交通事故数} \tag{6.8}$$

应用此三维描述，交通事故死亡、伤亡人数可以用立方体的体积表示（图6.5）。

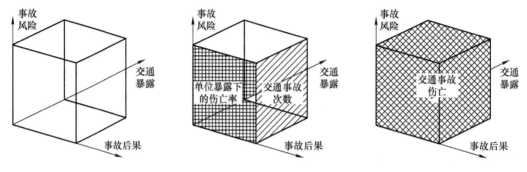

图 6.5　交通安全的三维描述

图中的一个柱包含了交通安全问题的6个量，分别是柱的三个轴、两个面积、一个体积。高度是交通事故风险，即单位交通暴露下交通事故次数；宽度是交通暴露量；深度是交通事故后果，即每次交通事故下人员死亡（伤亡）的概率。两个面分别表示交通事故次数和单位暴露下的伤亡率。柱的体积等于交通事故伤亡人数。

6.1.4　宏观交通安全的四维描述

对于交通系统而言，仅仅用 Nilsson 提出的三维模型来描述，仍然存在着不足，因为由于交通参与者操作失误或机件故障发生的单方交通事故只占少数，绝大多数交通事故是发生在两个或两个以上交通对象之间的。因为交通对象均具有主观能动性，二者之间存在相互影响。这一点与安全科学研究中的其他领域事故（如煤矿事故、机械事故等）有所不同。因此，必须要在交通安全描述模型中引入一个表征不同当事方的量。

交通冲突是把 Exposure 与 Accident 联系起来的必不可少的中间环节。考虑交通安全 4E 过程中的 Encounter 阶段，描述的是交通对象在同一时空的冲突产生情况。对于单位交通暴露下发生交通冲突的概率，可以采用遭遇冲突风险（Encounter Conflict Risk）来描述。交通冲突向交通碰撞的转化，对应于 4E 过程中的 Evasion（避险）阶段。交通碰撞实际是交通冲突避险失败的结果。因此，单位交通冲突下发生碰撞的概率，或者说单位交通冲突避险失败的概率，可以采用 Evasion Mistake Risk（避险失败风险）描述。

因此，与交通安全 4E 过程相对应，对宏观交通安全的描述可以扩展为四维，即

$$F = \text{Exposure} \times \frac{\text{Conflicts}}{\text{Exposure}} \times \frac{\text{Collisions}}{\text{Conflicts}} \times \frac{\text{Fatalities}}{\text{Collisions}} = E \times R \times M \times C \tag{6.9}$$

式中，F 为交通事故死亡人数（Fatalities），同理也可定义伤亡人数、受伤人数和财产损失；

E 为交通暴露（Exposing）阶段的交通暴露量（Exposure）；R 为交通遭遇（Encounter）阶段遭遇交通冲突的概率，$R = \frac{\text{Conflicts}}{\text{Exposure}}$；$M$ 为交通避险（Evasion）阶段避险失败导致交通事故的概率，$M = \frac{\text{Collisions}}{\text{Conflicts}}$；$C$ 为能量转移（Energy Transfer）阶段事故导致人员死亡的概率，$C = \frac{\text{Fatalities}}{\text{Collisions}}$。

6.2 交通规划体系与交通安全过程分析的整合

6.2.1 交通安全规划与规划阶段的交通安全

随着我国道路交通建设的发展，道路交通安全问题日益受到重视，道路交通安全规划的编制也逐步提上日程。

2004 年 5 月 1 日正式实施的《中华人民共和国道路交通安全法》在第四条中明确规定："县级以上地方各级人民政府应当适应道路交通发展的需要，依据道路交通安全法律、法规和国家有关政策，制定道路交通安全管理规划，并组织实施"。

公安部、建设部在 2007 年城市畅通工程中评价指标体系中，明确提出了道路交通安全规划的编制要求："在进行了交通流特性、道路交通安全设施等必要的交通调查的基础上，深入分析城市道路交通安全的现状与存在问题，依据道路交通安全法律、法规和国家有关政策，结合省（区、市）、县（市）道路交通安全发展规划，制定本地近期和中远期道路交通安全管理规划，并通过专家论证，政府发布实施"。

在不少地方实际编制过程中，"道路交通安全规划"与"道路交通安全管理规划"二者被混用了。其实，二者之间是有区别的。

从交通系统构建的过程来说，道路交通安全由上而下涉及规划、建设、管理的一系列过程，道路交通安全规划也应针对这一系列过程，包含相对应的规划内容。

（1）规划层面

规划层面，应包含针对城市和交通规划层面专门的道路交通安全考量。然而，截至目前为止，城市交通规划编制过程中尚未见到专门针对道路交通安全进行规划的环节和内容。

（2）设计和建设层面

设计和建设层面，应有专门针对道路交通安全的一些设计方法和策略，通常这一过程是包含在设计和建设的过程中的，没有专门的道路交通安全设计环节。然而，实践证明，仅仅依照技术标准进行设计和建设并不能避免实际道路交通安全问题的出现。近年来，很多建设项目开始了名为"道路交通安全审查"的操作，以避免这些问题，取得了非常良好的效果。

（3）管理层面

管理层面，针对交通基础设施系统形成后的运行情况，实施相应的道路交通安全管理对策。为此，很多城市编制了专门的道路交通安全管理规划，或者在交通管理规划中有专门章节涉及。

道路交通安全规划包括规划、设计与建设、管理三个环节，环环相扣，相互影响，但环节之间也有明显的界限（图6.6）。道路交通安全管理规划仅仅是道路交通安全规划中的一个环节，将道路交通安全规划与道路交通安全管理规划名称混用是不妥的。

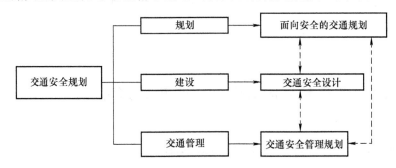

图6.6　交通安全规划与面向交通安全的交通规划

6.2.2　与交通安全相关的规划、设计和改善流程

为了将道路交通安全的内容和要求纳入城市规划和各专项规划的过程中，同时将主动道路安全规划、主动道路安全设计和被动交通安全改善纳入一个完整的交通安全体系，推荐的道路交通安全规划、设计和改善流程如图6.7所示。

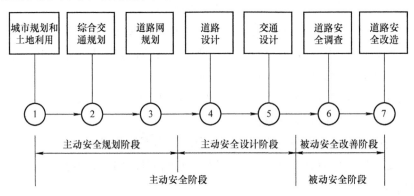

图6.7　交通安全相关的规划、设计和改善流程

尽管主动道路交通安全规划和主动道路交通安全设计（通常所说的道路交通安全评价即属于主动道路交通安全设计的范畴）都属于主动交通安全预防手段，二者的区别如下：

1）主动道路交通安全规划侧重在规划阶段的交通安全考虑，而道路安全设计、评价更注重从道路设计和交通设计的角度消除道路交通安全隐患。

2）主动道路交通安全规划定位于宏观和中观层面，主动道路交通安全设计定位于中微观层面。

3）主动道路交通安全规划介入的时间比主动道路交通安全设计更早。

4）主动道路交通安全规划需考虑城市规划、土地利用、交通发展模式、道路网等诸多宏观因素，主动道路交通安全设计更侧重于道路设计的技术细节。

6.2.3 面向安全的交通系统规划研究框架

将四维描述模型与城市交通规划中"四步骤法"结合起来考虑，可以总结出规划层面对交通安全产生影响的几个主要因素：

- Exposure：交通出行次数、出行距离、出行时间。
- Encounter Conflict Risk：交通出行方式、交通出行路径。
- Evasion Mistake Risk：交通出行方式。
- Energy Transfer Consequence：交通出行方式、交通出行路径。

上述与安全有关的几个规划要素和规划阶段的一系列相应规划内容构成了面向交通安全的规划研究框架，如图6.8所示。

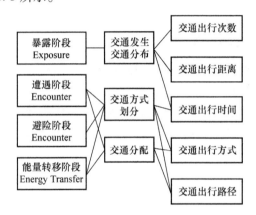

图6.8 面向交通安全的规划研究框架

6.3 城市道路交通系统规划与交通安全

如果在道路交通系统构建阶段就提早考虑交通安全问题，那么将使整个交通系统朝着一个安全的方向发展。反之，如果在规划阶段形成了不利于交通安全的结构和因素，将导致交通暴露量（Exposure）上升、交通冲突概率上升、交通事故后果加重等趋势。而这些趋势一旦形成就很难改变。因此，在城市道路交通系统规划阶段，应尽早考虑交通安全的影响。

6.3.1 基本理念

6.3.1.1 减少交通暴露

交通暴露量（Exposure）可以用出行次数、出行距离和出行时间来表征。减少交通暴露意味着：出行次数越少，出行时间越短，出行距离越短，卷入交通冲突的概率越小。主要策略包括：

1）调整城市发展规划，设定合理的城市发展目标。

2）构建多中心城市结构。

3）提升土地利用效率。

4）混合布置用地。

5）鼓励采用高效率的交通方式（如公共交通）。

6.3.1.2 减小交通冲突和避险失败概率

交通冲突概率和避险失败概率主要与出行方式及出行路径有关。减小交通冲突和避险失败概率的主要策略包括：

1）制定科学的城市交通发展战略，引导出行方式结构调整。

2）交通政策应向慢行交通和公共交通倾斜。

3）合理规划道路网络结构和比例。

4）明确道路功能，对不同特性、不同目的、不同距离的出行在路径上予以分离。

5）以车速和道路功能为核心，合理选择道路横断面。

6.3.1.3 减小能量转移阶段的交通伤害

能量转移（EnergyTransfer）阶段，交通伤害的发生主要取决于发生碰撞对象的交通方式和速度。这一阶段的策略主要包括：

1）在冲突易发区域，应控制具有大质量、高速度的交通方式的出现。

2）在冲突易发区域，应控制能量承受阈值较小的交通方式（自行车、行人等）的出现。

3）降低冲突易发区域的机动车运行车速。

6.3.2 城市总体规划与交通安全

城市总体规划阶段与交通安全有关的因素包括城市规模与空间结构、城市用地布局等，主要对交通暴露阶段和遭遇阶段产生影响。

6.3.2.1 城市规模

一般认为，伴随着城市建成区规模的增加，居民平均出行距离也在增加。同时，居民出行距离也与城市空间结构存在着密切的关系。城市建成区面积越大，居民平均出行距离越长，即：

$$L_{出} = K\sqrt{F} \tag{6.10}$$

式中，$L_{出}$ 为平均出行距离；F 为建成区面积；K 为不同城市空间结构系数，见表6.5。

表6.5 不同城市空间结构下的 K 值

城市空间结构	单中心特高密度城市	带状中心高密度	带状主中心特高密度	多中心伸展型	多中心不规则
K 值	0.28	0.38	0.36	0.42	0.40

调查表明，随着城市规模的增加，人均出行次数呈下降趋势，但是人均客运周转量（客公里/人·日）仍然随城市规模的增加呈现上升趋势。如前文所讨论的，交通对象（人、

车)的出行累计距离可用于表示交通暴露量。因此，城市规模的增加将带来交通暴露量的增加。

6.3.2.2 城市空间结构

城市空间结构包括单中心、双（多）中心、卫星城等多种形式。有研究认为，紧凑型的单中心城市形态和多中心或组团式的城市形态相比，交通出行的距离和时间较小。较小的出行时间和距离，意味着较小的交通暴露总量。因此，紧凑型单中心城市形态能降低交通暴露总量。

但是，也有研究认为，多中心城市既可以满足城市集聚效应的要求，又可以满足城市规模扩张的要求，因而多中心城市比单中心城市具有较少比例的长距离出行，交通需求强度低于同等规模的单中心城市布局。

本书作者认为，单中心和多中心城市形态下交通暴露量的大小，实际取决于何种布局能够有助于促进近距离就业和平衡居住、就业需求。

当城市规模较小的时候，紧凑型单中心城市形态无疑在缩短通勤出行距离、平衡居住就业方面具有优势。在出行上体现为：相同规模的单中心城市形态比多中心或多组团城市形态的交通出行强度小，因而城市交通暴露总量也较小。

当城市规模达到一定程度的时候，将出现多中心或多组团的需求。然而，在城市副中心发展初期，如果副中心地位过低，居住与就业岗位分布不平衡，甚至出现副中心成为"卧城"的情况，这时将出现大量的长距离通勤交通，在出行上则体现为多中心或多组团城市形态的交通出行强度高于单中心城市形态。因此，此时相同规模下多中心城市形态的交通暴露总量将大于单中心城市形态。

当城市的副中心得到充分发展，与城市主中心的差异不十分悬殊，彼此之间独立性较强时，副中心的居住和就业需求得到充分平衡，多中心城市形态对于减少长距离通勤出行、降低居民出行强度的优势才能体现出来。此时相同规模下多中心或多组团的城市形态下的交通暴露总量将小于单中心城市形态。多中心城市也唯有发展到这一水平，才能真正称为"多中心"。

6.3.3 土地利用规划与交通安全

土地利用规划阶段与交通安全有关的因素包括用地类型和容积率等，对交通暴露、交通冲突和避险失败概率、交通碰撞后果均有影响。

6.3.3.1 宏观层面城市用地布局

北美一些学者的研究表明：用地布局和形态对交通方式和公交需求的影响较大。在宏观研究层面，直接影响出行的因素主要包括：组团规模、用地类型的混杂程度、土地开发强度等。

(1) 组团规模

大规模的居住组团比分散分布的居住小区更加安全，因为大规模居住小区内部道路的安全性好于通过路网联结的分散小区。此措施通过选择安全的出行路径以降低交通冲突概率和交通碰撞后果。

（2）用地类型的混杂程度

用地类型的混合式布局指将居住、生活、休憩和就业等城市功能混合布置，与之相对应的是将以上功能在空间上分散布置。根据 Ogden 的研究，混合式布局能降低小汽车出行总量，同时因为工作出行的距离缩短，更多人愿意采用其他安全的交通方式（如步行、自行车等）。Nowlan 和 Strewart 的研究表明，1975—1988 年，多伦多市中心在兴建大量写字楼的同时，也兴建了大量的住宅，抵消了部分高峰时段进入该区域的工作出行。在中心区就业的员工占据了该区 1/2 以上的住宅，使中心区在办公建筑面积翻了一番的情况下，仍然维持比较稳定的交通条件。因此，混合式用地布局能降低交通暴露总量和交通冲突概率。

（3）土地开发强度

土地开发强度越高，意味着人口密度越高，由此带来的是出行距离和出行强度的下降。这意味着在同样的人口规模下，城市人口密度越高，交通暴露总量越低。其次，紧凑型的用地，能够为公共交通提供充足的客流，有利于发展公共交通。而且，紧凑型城市形态下居民出行采用步行和自行车的比例也将较高。研究表明，同样富裕的条件下，欧洲城市比美国城市用地更密集、功能更混杂，人们也更多地采用公交、步行和自行车出行。公共交通和慢行交通是较安全的交通方式，有利于降低交通事故概率。因此，高密度城市有利于交通安全。

6.3.3.2 用地规划布置

不同类型规划用地的空间组织形式及其相互之间的道路联结方式是交通出行量和出行方式最主要的决定因素。具体原则如下：

1）货运交通较多的工业用地和仓储用地布置位置和密度对交通安全会产生一定影响。因此，对此类用地应远离城市中心区并沿规划的货运通道设置，以从交通方式和出行路径上减小交通冲突的概率。

2）应将交通出行较多的用地布置在公共交通线路两侧，因为良好的公共交通覆盖率将促使更多出行者选用公共交通，从交通方式上减小交通冲突的概率。

3）吸引出行的公用设施用地选址，应避免被高等级、大流量或车速快的道路分隔，从而降低道路使用者穿越的危险。此措施通过提供安全的出行路径以降低交通冲突的概率和碰撞后果。例如，在进行学校的规划建设时应该尽量避免学生穿行主干道上下学，如图 6.9 所示。

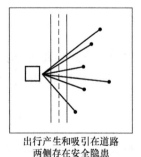

出行产生和吸引在道路　　　　出行产生和吸引
两侧存在安全隐患　　　　　　在道路同侧

图 6.9　安全的用地选址

4）根据道路的交通性、集散性、商业性、生活性等的定位，建立与之相适应的土地利用规划和政策。例如，主干道周围应该避免建设大型的商业设施，主干道周围应该尽量避免设置单位出入口，单位出入口应该与周围的支路衔接，通过支路进入交通干道系统。通过以上措施可以有效降低交通事故的概率。

6.3.3.3 容积率

对于紧凑型的城市结构和高容积率的用地模式，OD间的出行距离较短，将提高道路交通的安全性。主要关注点如下：

1）较短的出行距离将减小交通暴露量。

2）较短的出行距离将促使更多的交通参与者放弃机动车交通而选用步行等更安全的交通方式，从而降低交通冲突风险和伤害后果。

3）公共交通是最安全的交通方式之一。高容积率的用地模式将为公共交通提供足够的客源，提高公共交通在整个交通系统中的分担率，减少危险交通方式的使用以降低交通冲突风险。

6.3.4 交通发展战略规划与交通安全

城市交通战略主要确定城市交通发展目标和水平、城市交通方式和交通结构，提出实施城市道路交通规划过程中的重要技术经济对策，这些因素将对交通暴露、交通冲突概率和和交通伤害后果产生影响。

6.3.4.1 交通发展目标

城市交通发展应兼顾社会各个阶层的利益，满足各种交通方式协调发展的需要。我国道路交通事故的特点是，行人和非机动车在整体交通事故中占很大比例，如图6.10所示。由图可见，我国交通事故死亡人员中，慢行交通（行人和非机动车）的比例约为42%，高于其他国家。

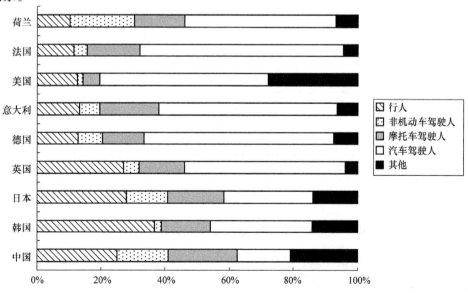

图6.10 不同国家交通事故死亡人员交通方式构成

上述数据包含了公路和城市道路。对于城市道路而言，行人和非机动车在死亡人员中所占比例更大，如图6.11所示。其中珠海市城区交通事故死亡人员中行人和自行车出行占到了近80%，即使是在摩托车为主要出行方式的小城市龙岩，行人和自行车出行也占到了死亡人员的近50%。由于慢行交通在整个交通体系中处于"弱势"的地位，而且行人和自行车死亡人员占到交通事故死亡人员的大多数，因此，在制定交通发展目标时，应避免"机动车交通为本"的思想，将行人和非机动车纳入整个交通发展目标的重要组成部分，特别要重点考虑行人和非机动车的交通安全问题。

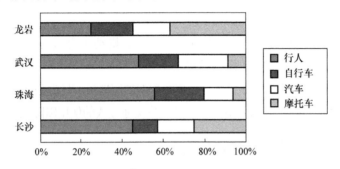

图6.11 我国城区交通事故死亡人员交通方式构成

6.3.4.2 交通方式和结构

交通方式和结构对交通事故的风险和事故后果影响很大。以湖南省长沙市为例，2005年该市城区发生一般以上交通事故2162起，涉及交通参与者4893人。各交通方式的交通事故死亡人数如图6.12所示。

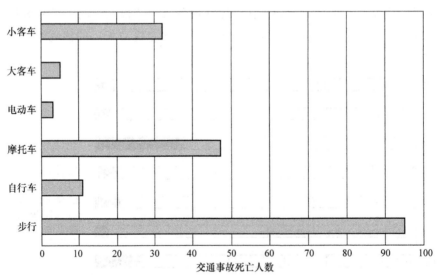

图6.12 长沙市2005年分方式的交通事故死亡人数

根据长沙市2005年的抽样调查，全市全天交通出行总次数约为468.3万次，各交通方式的分担率如图6.13所示。

以居民出行次数作为交通暴露，并认为2005年的抽样调查数据在年内基本保持稳定，

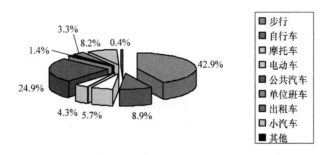

图 6.13　长沙市 2005 年交通出行方式分担率

据此推算得 2005 年长沙市各主要交通出行方式的交通风险如图 6.14 所示。

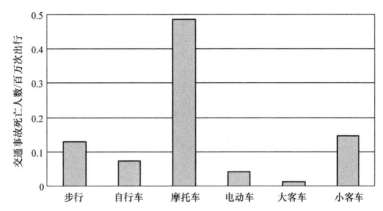

图 6.14　长沙市城区 2005 年不同交通方式百万次出行的死亡风险

可见，长沙市城区 2005 年不同交通方式出行死亡风险的大小依次是：摩托车 > 小客车 > 步行 > 自行车 > 电动（自行）车 > 大客车。

长沙市各交通出行方式风险表明，最安全的出行方式是大客车，最危险的出行方式是摩托车。

根据 2005 年 5 月福建省龙岩市新罗区的居民出行调查，结合龙岩市新罗区 2005 年 1—5 月的交通事故统计数据，得出福建省龙岩市几种主要交通方式每百万次出行的交通事故伤亡率，见表 6.6。

表 6.6　主要交通方式伤亡率统计

交通方式	交通事故伤亡率/百万次出行
步行	1.29
自行车	0.86
公交车	0.17
摩托车	1.69
小客车	1.58

由表 6.6 可知，对龙岩市而言，公交车是最安全的交通方式，其次是自行车和步行。摩托车的伤亡率最高，小客车次之。这一结论与长沙市的结论基本一致。

因此，在进行综合交通规划时，实施"公交优先"战略，提高公共交通的分担率，不仅能够提高运输系统的效率，也有利于提高交通安全性。自行车交通是一种方便、无污染而且比较安全的交通方式，不应进行人为的限制。对于摩托车交通，由于其本身所固有的危险性，从交通安全的角度出发，应加以一定的限制。

Jacobsen 的研究表明，慢行交通比例的增加能提升交通安全水平。若更多的人出行采用慢行交通方式，他们遭遇交通事故的概率反而下降。他的解释是，当行人和自行车增多时，机动车驾驶人会更谨慎地驾驶。因此，即便是机动车与慢行交通冲突增加，但机动车驾驶人的谨慎能够大大提高冲突避险的成功率，从而降低总的交通事故概率，如图 6.15 所示。

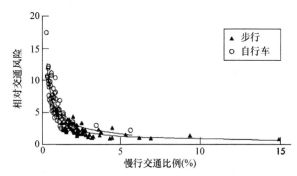

图 6.15　加州 68 个城市慢行交通比例与相对交通风险（2000 年）

6.3.5　城市道路系统规划与交通安全

城市道路系统规划是交通规划的核心内容之一。同时，道路系统规划与交通安全之间也存在着密切的联系。

6.3.5.1　现行道路系统规划规范

根据国标《城市道路交通规划设计规范》、《道路工程术语标准》和建设部标准《城市道路设计规范》，城市道路分为快速路、主干路、次干路、支路四类。除快速路外，每类道路按照所占城市的规模、设计交通量、地形等又分为Ⅰ、Ⅱ、Ⅲ级。大城市应采用各类道路中的Ⅰ级标准；中等城市应采用Ⅱ级标准；小城市应采用Ⅲ级标准。《城市道路交通规划设计规范》对不同等级道路的规划要求见表 6.7。

表 6.7　《城市道路交通规划设计规范》提出的不同等级道路规划要求

道路类别	规划要求
快速路	• 快速路应与其他干路构成系统，并与城市对外公路有便捷的联系 • 快速路机动车道应设置中央分隔带，中途无信号灯管制交叉口，中央分隔带不应设断口，并且机动车道两侧不应设置非机动车道 • 与快速路交汇的道路数量应严格控制，快速路与快速路或主干路相交应设置立交 • 快速路两侧不应设置公共建筑出入口，并且应严格控制路侧带缘石断口 • 快速路上不应设置占道机动车停车 • 快速路机动车道两侧应考虑港湾式公交站点设置

(续)

道路类别	规划要求
主干路	• 主干路上的机动车与非机动车应分道行驶，交叉口间分隔机动车与非机动车的分隔带应连续 • 主干路两侧不宜设置公共建筑出入口，并且应严格控制路侧带缘石断口 • 主干路断面分配应贯彻机非分流思想，将非机动车逐步引出主干路，实现主干路主要为机动车交通服务的功能 • 主干路上不应设置占道机动车停车 • 主干路机动车道两侧应考虑港湾式公交站点设置
次干路	• 次干路两侧可设置公共建筑物，并可设置机动车和非机动车停车场 • 次干路机动车道两侧应设置公交站点和出租车服务站
支路	• 支路应与次干路和居住区、工业区、市中心区、市政公用设施用地、交通设施用地等内部道路相连接 • 支路不能直接与快速路机动车道连接。在快速路两侧的支路需要连接时，应采用分离式立交跨越或下穿快速路 • 支路应满足公交线路行驶的要求 • 在市区建筑容积率大于4的地区，支路网密度应为全市平均值的2倍

目前的国标《道路工程术语标准》《城市道路交通规划设计规范》和建设部标准《城市道路设计规范》对快速路、主干路、次路、支路的定义各不相同。以次干路为例，《道路工程术语标准》认为次干路为"城市道路网中的区域性干路"，而《城市道路设计规范》和《城市道路交通规划设计规范》则认为次干路"起集散交通的作用，兼有服务功能"，从字面上理解有"集散"道路的功能的意思。又如，不同等级道路的设计行车速度，国标与部标的规定也不尽相同。此外，蔡军指出，在城市交通运行中，较长支路的作用几乎和次干路没有多大区别，与高等级道路的速度也基本差不多（快速路除外），主要差别就是通行能力和街道两侧的出入口限制问题。道路可以拓宽，出入口限制可以改变，因而道路级别也就可以调整。因此，主、次、支路的划分具有一定的模糊性。

6.3.5.2 道路网络结构和组成

对城市道路而言，路网结构和组成不仅影响着运输效率，而且也影响着道路交通安全。国家标准《城市道路交通规划设计规范》对于城市道路网络结构和密度的规定见表6.8。

表6.8 国标对于城市道路网密度和机动车道数的规定

设计指标	规范名称	城市规模与人口	快速路	主干路	次干路	支路
道路网密度 （km/km^2）	城市道路交通规划设计规范	大城市 （人口>200万）	0.4~0.5	0.8~1.2	1.2~1.4	3~4
		大城市 （人口≤200万）	0.3~0.4	0.8~1.2	1.2~1.4	3~4
		中等城市	—	1.0~1.2	1.2~1.4	3~4
		小城市	—	3~6		3~8

《城市道路交通规划设计规范》规定，支路可与次干路和居住区、工业区、市中心区、市政公用设施用地、交通设施用地等内部道路相连接，不得与快速路直接相接。《城市道路设计规范》规定，次干路应与主干路结合组成道路网，支路应为次干路与街坊路的连接线。但规范未从整体上明确提出不同等级道路应如何衔接的要求，仅在道路交叉口形式选择的条文中有所体现，见表6.9。

表6.9 规范关于大、中城市道路交叉口形式的规定

相交道路	快速路	主干路	次干路	支路
快速路	A	A	A、B	—
主干路	—	A、B	B、C	B、D
次干路	—	—	C、D	C、D
支路	—	—	—	D、E

注：A为立体交叉口；B为展宽式信号灯管理平面交叉口；C为平面环形交叉口；D为信号灯管理平面交叉口；E为不设信号灯的平面交叉口。

合理的路网结构应该是快速路、主干路、次干路及支路比例符合由小到大的要求，并按照"快速路—主干道—次干道—支路"的层次有机衔接，如图6.16所示。然而，我国很多城市的路网存在比例分配不合理的问题，主要表现为主干道比例过大、支路比例过小，如图6.17所示。

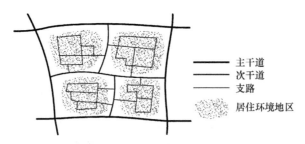

图6.16 合理路网结构设计

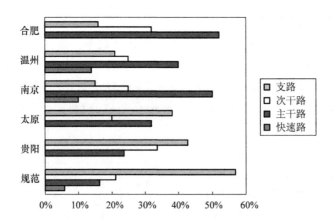

图6.17 部分城市道路比例结构与国标规范的对比

按照主干道在城市道路网络中的定位，其主要承担长距离、高速度的出行。如果低等级道路体系密度偏低，必然导致无论什么距离的出行都会优选高等级道路体系。这就意味着，部分原本可以利用低等级道路完成的出行将在高等级道路上完成。由于高等级道路的流量较大，短距出行的涌入将导致穿越、合流、分流冲突点上流量的增加。因此，这一部分选择高等级道路的短距出行，遭遇交通冲突的风险必然高于低等级道路。而且由于高等级道路的车速较高，若发生碰撞，交通伤害后果将更加严重。

6.3.5.3 道路功能

《城市道路设计规范》提出，城市道路包括交通和服务沿线建筑物两大功能。《城市道路交通规划设计规范》未明确提出道路功能的要求。

道路功能包括交通功能和空间功能，交通功能又可以划分为通行功能（Through Traffic）和进出功能（Access Traffic）。通行功能指为机动车、非机动车和行人等交通主体通行服务的功能。进出功能是指为进出沿线的土地、建筑物、各种设施进行服务的功能。两者都是道路作为交通基础设施的最基本的功能，见表6.10、表6.11和图6.18。

表6.10 道路的交通功能

功能		效果
通行功能	为机动车、非机动车、行人等的通行服务	确保道路交通的安全
		缩短时间距离
		缓和交通拥堵
		降低运输成本
		减轻交通公害
		节省能源
进出功能	为进出道路沿途的土地、建筑物、各种设施进行服务	地域开发的基础设施建设
		扩充生活基础设施
		促进土地利用

表6.11 规范关于道路功能和两侧开口的规定

	城市道路设计规范	城市道路交通规划设计规范
快速路	快速路应为城市中大量、长距离、快速交通服务，其进出口应采用全控制或部分控制 快速路两侧不应设置吸引大量车流、人流的公共建筑物的进出口 两侧一般建筑物的进出口应加以控制	快速路交汇的道路数量应严格控制，快速路两侧不应设置公共建筑出入口
主干路	主干路应为连接城市各主要分区的干路，以交通功能为主 主干路两侧不应设置吸引大量车流、人流的公共建筑物的进出口	主干路两侧不宜设置公共建筑物出入口

（续）

	城市道路设计规范	城市道路交通规划设计规范
次干路	起集散交通的作用，兼有服务功能	次干路两侧可设置公共建筑物，并可设置机动车和非机车的停车场、公共交通站点和出租汽车服务站
支路	解决局部地区交通，以服务功能为主	支路应与次干路和居住区、工业区、市中心区、市政公用设施用地、交通设施用地等内部道路相连接

我国许多城市道路均存在功能定位不清的弊病。自行车、公交、步行、机动车均集中在干路上，宽敞的人行道提供了停车场所，最初为顺路购物，伴随交通量增加，主干路两侧的小规模商业活动逐步升级，最终导致"交通性商业街"的诞生。商业活动活跃必然导致进出交通和穿越交通的增加，从而导致交通冲突概率上升，诱发交通安全问题。此外，干路成为商业街也与路网支路密度过低有关。从商业形态本身来说，干路并不是最佳的商业发展场所，因为宽阔的干路割裂了两侧的商业联系。上海的南京路、北京的王府井和西单，以及武汉的汉正街、江汉路等著名商业街，并不是位于城市主干道上，更有人将步行街誉为"商业形态之王"。因此，低等级道路更适合于发展商业活动。然而，因

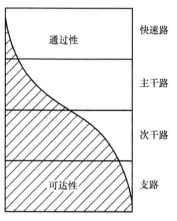

图 6.18　不同等级道路的通过性与可达性

为支路密度过低，不能提供足够的沿街商业建筑面积，使得部分商业功能转移到了主干道上，从而模糊了道路的功能定位，产生诸多问题。

6.3.5.4　道路横断面

《城市道路交通规划设计规范》提出：道路规划设计应符合人与车交通分行，机动车与非机动车交通分道的要求。道路横断面规划设计是实现交通分离的关键，其对交通安全的影响主要体现在两个方面：车辆分隔及机非分隔的程度，以及对视距及交通设施可视性的影响。规范中道路横断面对于交通分离的具体规定是针对不同等级的道路设定的，见表6.12和表6.13。

表 6.12　国标规范与部标规范各等级道路主要设计指标对比

设计指标	规范名称	城市规模与人口	快速路	主干路	次干路	支路
机动车设计速度（km/h）	城市道路交通规划设计规范	大城市（人口>200万）	80	60	40	30
		大城市（人口≤200万）	60~80	40~60	40	30
		中等城市	—	40	40	30
		小城市	—	40		20
	城市道路设计规范	大城市	60, 80	60, 50	50, 40	40, 30
		中等城市	—	50, 40	40, 30	30, 20
		小城市		40, 30	30, 20	20

表6.13 国标规范与部标规范关于交通分离的具体规定

	城市道路设计规范	城市道路交通规划设计规范
快速路	城市快速路应设置中央分车带，特殊困难时应采用分隔物，不得采用双黄线	快速路上的机动车两侧不应设置非机动车道。机动车道应设置中央隔离带。快速路穿过人流集中的地区，应设置人行天桥或地道
主干路	自行车交通量大时，宜采用机动车与非机动车分隔形式，如三幅路或四幅路	大、中城市干路网规划设计时，应使用自行车与机动车分道行驶 主干路上的机动车与非机动车应分道行驶；交叉口之间分隔机动车与非机动车的分隔带宜连续
次干路	无具体规定	无具体规定
支路	无具体规定	无具体规定

上述规定存在三方面的问题。一方面，各等级道路的划分以道路在路网中的功能定位为主，兼顾设计车速、宽度、车道数等主要设计指标。由于主干路、次干路和支路在设计车速上存在重叠（例如大城市次干路设计车速可高达50km/h，甚至高于中等城市的主干路设计车速40~50km/h），使得交通分离要求标准不一。另一方面，《城市道路设计规范》推荐的主干道断面包括3幅路形式，客观上鼓励了主干道不需设置对向机动车分离。此外，规范对不同等级道路人车分离的形式和要求未作具体规定。

裴玉龙的研究表明，双车道一块板道路的事故率最高。当车道数为四车道时，增加中央分隔带将对向车流分离，事故率明显降低；对于三块板道路而言，增加机动车与非机动车分隔带后，虽然可以将机动车与非机动车分离，但对向车流问题没有得到解决，而对向车辆引起的交通事故往往非常严重，因此，三块板的道路安全性较低。当车道数为6车道时，增加中央分隔带或增加机非分隔带后，事故率均有所降低，但两者之间的区别并不明显，见表6.14。

表6.14 哈尔滨市道路断面形式的安全性影响系数

横断面形式	平均事故率（次/亿车公里）	横断面形式的安全影响系数
一块板	164	1.26
两块板	130	1.00
三块板	134	1.03
四块板	104	0.80

上述研究并未涉及交通事故的伤亡情况，也未考虑道路断面对不同交通方式安全性的影响。对长沙市不同道路断面行人死亡交通事故的研究表明，两块板和四块板的行人交通事故致死率（即死亡人数/伤亡人数）高于一块板和三块板，如图6.19所示。

本书作者认为，中央分隔带的设立，消除了对向机动车正向碰撞的风险，然而客观上将导致路段机动车车速的提高。Koornstra的研究表明：当行人和自行车与机动车发生碰撞时，

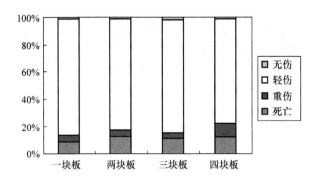

图 6.19　长沙市不同道路断面下行人交通事故致死率

行人和非机动车的死亡率随机动车速的增加呈指数增长，如图 6.20 所示。因此，对于过街行人而言，在同样的冲突风险下，两块板和四块板道路的碰撞后果将更加严重。

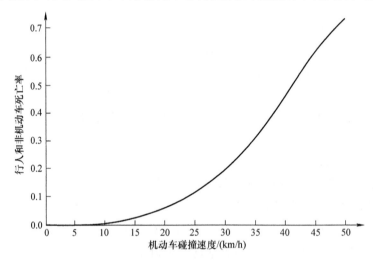

图 6.20　行人与非机动车死亡率碰撞车速的关系

对珠海市 16 条道路的研究表明，随着道路运行车速的增长，行人和非机动车交通事故致死率也呈增长趋势（图 6.21）。

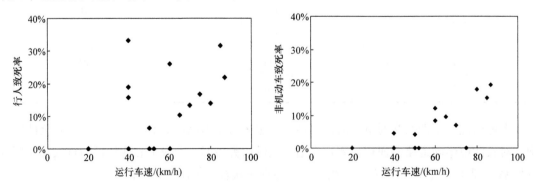

图 6.21　珠海市道路运行车速与慢行交通致死率的关系

行人和自行车交通安全是城市道路交通安全研究的重点。为保障行人和自行车的交通安全，减少机动车与机动车、机动车与非机动车、机动车与行人的交通冲突风险和交通伤害后果，应根据道路的设计车速或运行车速来确定城市道路横断面和道路分隔形式。为此，本节提出了以下城市道路横断面规划选取思想。

（1）横断面形式

推荐的道路横断面形式以设计车速和道路功能为核心，见表6.15。

表6.15 以设计车速和道路功能为核心的道路横断面选取标准

道路设计车速	对应道路等级	道路断面形式			
		一块板	两块板	三块板	四块板
≥50km/h	快速路，主干路		√		√
30~50km/h	主干路，次干路，交通性支路		√		
≤30km/h	商业性支路生活性支路	√	√		

优化后的两块板道路的横断面设计并非像传统的两块板道路那样将非机动车与机动车放置于同一平面，而是采用慢行一体化两块板设计模式，非机动车与行人设计在一个平面上处理，而将机动车道放置于另一个平面，通过高差分离机动车与非机动车。自行车与行人交通空间一体化，既可互借资源，又可通过绿化与机动车空间分开，确保了非机动车的交通安全（图6.22）。

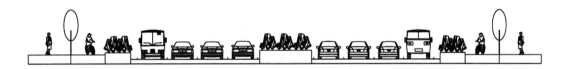

图6.22 优化后的两块板道路

优化后的一块板道路的横断面设计也推荐采用慢行一体化设计模式，非机动车与行人设计在一个平面上处理，而将机动车道放置于另一个平面，通过高差分离机动车与非机动车（图6.23）。

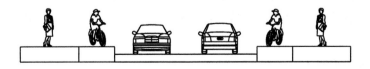

图6.23 优化后的一块板道路

优化后的四块板道路的横断面设计也推荐采用慢行一体化设计模式，非机动车与行人设计在一个平面上处理，而将机动车道放置于另一个平面，通过高差分离机动车与非机动车。在道路主线外，通过设置多功能车道，以作进出交通、转向交通、公交停靠和停车之用，如图 6.24 所示。

图 6.24　优化后的四块板道路

（2）道路分隔形式

道路分隔按其在横断面中的不同位置及功能，分为中央分隔带及两侧分隔带；按其隔离形式分为绿化隔离带、隔离墩/隔离栏、标线隔离三种形式。在目前大部分交通参与者交通安全意识、自我保护意识、交通法规常识欠缺的情况下，仅凭绿化分隔带仍然无法对行人穿越进行有效控制，因此分隔栏对于约束行人随意穿越仍然具有不可替代的作用。特别是对于设计车速≥50km/h 的道路，应同时设置中央绿化带与中央分隔护栏。不同设计车速下的道路分隔推荐形式见表 6.16。

表 6.16　道路分隔推荐形式

道路设计车速	对应道路等级	分隔带形式			
		绿化带 + 隔离栏	绿化带	隔离栏	标线隔离
≥50km/h	快速路，主干路	√	√		
30 ~ 50km/h	主干路，次干路，交通性支路		√	√	
≤30km/h	商业性支路 生活性支路			√	√

6.3.5.5　路网节点（交叉口）形式

在交通规划中，选择路网节点（交叉口）的形式对交通安全也至关重要。根据统计，交叉口形式按安全度由高到低排序为：四支路口、多支路口、三支路口、环行交叉口。四路交叉口相对最安全。因此，为降低交通事故概率，在城市新区规划和建成区路网改造时，路网节点应规划为标准的直角交叉口，避免三岔、多岔、错位、斜交等不规范的交叉口形式。

此外，规划的道路红线在交叉口应予以拓宽，以满足交叉口进行渠化和交通安全设施布设的需要。

6.3.5.6　道路运行车速

除了减小 Encounter 阶段交通冲突的发生风险，减轻 Energy Transfer 阶段交通事故的后果也是提高交通系统安全性的重要措施之一。研究表明，发生行人与机动车相撞事故，当机动车车速为 60km/h 时，行人的存活概率为 10%，而车速为 30km/h 时，行人的存活概率可达到80%以上。2004年我国的道路交通事故致死率高达22.3%,是发达国家的几十倍。特别是行人、非机动车等交通弱势群体,一旦和机动车发生交通事故,伤亡率很高,一个重要原因是道路车速过快。因此,在路网规划中,除城市快速路、主干道和担负重要交通功能的次干道外,其他道路,特别是居住用地集中区域的道路,应规划为低速道路(设计车速≤30km/h),并采用交通宁静化(Traffic Calming)措施,以减小可能发生事故后果的严重性。

6.3.5.7 行人过街设施

国标《城市道路交通规划设计规范》和建设部标准《城市道路设计规范》及《城市人行天桥与人行地道技术规范》对人行横道、过街天桥和地道的设置规定如下:

1)在城市的主干路和次干路的路段上,人行横道或过街通道的间距宜为250~300m。当道路宽度超过四条机动车道时,人行横道应在车行道的中央分隔带或机动车道与非机动车道之间的分隔带上设置行人安全岛。

2)横过交叉口的一个路口的步行人流量大于5000人次/h,且同时进入该路口的当量小汽车交通量大于1200辆/h时,或车辆严重危及过街行人安全的路段,宜设置人行天桥或地道。

长沙市的行人死亡交通事故统计数据表明,约78%的行人死亡事故发生在主干路和次干路的路段,如图6.25所示。因此,基于减轻交通事故后果考虑,对行人交通过街设施设置的推荐形式见表6.17。

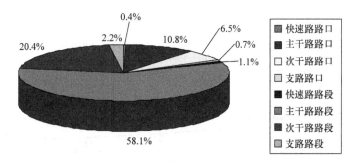

图6.25 长沙市行人死亡事故分布地点

表6.17 基于道路设计车速的行人过街设施设置推荐形式

道路设计车速	过街地道或天桥	信号控制过街横道	无信号控制过街横道
≥50km/h	√	√	
30~40km/h	√	√	√
≤30km/h		√	√

设计车速≥50km/h的道路,其路段过街设施不宜采用无信号控制人行横道,而宜采用人行过街地道、天桥或信号控制人行横道。若人行过街流量较小,为减少机动车延误,可考虑将路段人行过街信号与上下游联动或采用按键式行人过街信号灯。

6.4 研究实例

6.4.1 研究实例1：Smeed 公式在中国的应用

Smeed 公式是伦敦大学 R. J. Smeed 在 1949 年根据 20 个国家的交通事故调查数据，进行分析后得到的经验模型（图 6.26）。

$$\frac{D}{N} = 0.0003 \left(\frac{P}{N}\right)^{\frac{2}{3}}$$

或

$$\frac{D}{N} = \frac{0.0003}{\left(\frac{N}{P}\right)^{\frac{2}{3}}} \tag{6.11}$$

式中，D 是以 30 天为基准的道路交通事故死亡人数（人）；N 是机动车保有量（辆）；P 是区域内人口总数（人）。

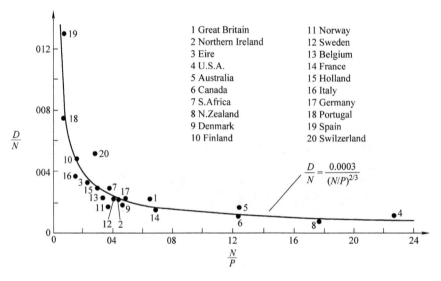

图 6.26　Smeed 公式（1949 年数据）

为了进一步验证这一公式，Smeed 又根据 1960—1970 年欧、美、亚、非等 68 个国家的事故数据进行了分析，依旧得到了很好的结果。

应用 Smeed 公式，对中国 1951—2018 年的道路交通事故数据与 Smeed 公式的预测进行分析，结果如图 6.27 所示。可见，Smeed 公式的原始形式不能直接适用于中国的道路交通安全状况。

上述交通事故和人口、车辆统计数据来自公安部发布的《中华人民共和国道路交通事故白皮书》，具有权威性。我们注意到，统计的机动车保有量数据在 1983—1984 年发生了较大的变化，由 1983 年的约 284 万辆陡增到 1984 年的 587 万辆，增长了 107%。而在 1983 年

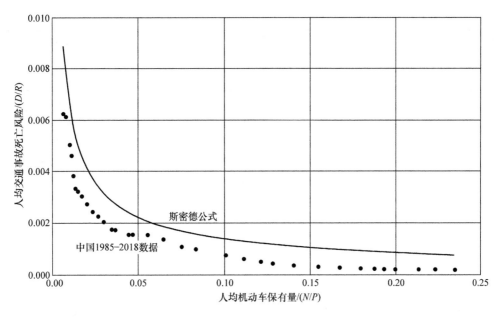

图 6.27 Smeed 公式原始形式与中国交通事故数据的拟合

之前和 1984 年之后，机动车年均增长率分别仅为 14% 和 16% 左右。因此，如此大的数据变动，最大的可能是与有关部门的统计标准变化有关。此外，2004 年《道路交通安全法》实施后，交警部门的交通事故统计上报标准也发生了较大的变化。为保证数据的一致性，仅考虑 1985 年以后的统计数据，列于表 6.18。

表 6.18 中国 1985—2018 年交通事故数据

年份	人口数/车辆数	死亡人数/车辆数
1985	160.39	0.00624
1986	130.04	0.00611
1987	101.96	0.00504
1988	92.10	0.00461
1989	84.27	0.00383
1990	77.45	0.00334
1991	69.89	0.00322
1992	60.38	0.00302
1993	50.82	0.00272
1994	43.79	0.00243
1995	38.10	0.00225
1996	33.90	0.00204
1997	29.31	0.00175
1998	27.68	0.00173
1999	22.65	0.00155
2000	21.46	0.00156
2001	18.17	0.00155
2002	15.60	0.00137

（续）

年份	人口数/车辆数	死亡人数/车辆数
2003	13.38	0.00108
2004	12.06	0.00099
2005	9.96	0.00076
2006	9.01	0.00062
2007	8.26	0.00051
2008	7.83	0.00043
2009	7.15	0.00036
2010	6.48	0.00032
2011	5.99	0.00028
2012	5.59	0.00025
2013	5.35	0.00023
2014	5.19	0.00022
2015	5.02	0.00021
2016	4.69	0.00021
2017	4.48	0.00021
2018	4.27	0.00019

并考虑 Smeed 公式的更一般形式：

$$\frac{D}{V} = \alpha \left(\frac{P}{V}\right)^{\beta} \tag{6.12}$$

两边取对数，令 $\frac{D}{V} = Y$，$\frac{P}{V} = X$，$\ln\alpha = a$，$\beta = b$，则上式可变换为标准的线性方程：

$$Y = a + bX \tag{6.13}$$

采用 1985—1998 年共 14 年的交通事故数据，应用 SPSS 软件进行线性回归，得到的结果见表 6.19。

表 6.19　Coefficients（a）

	Unstandardized Coefficients		R	t	Sig.
	Beta	Std. Error			
(Constant)	-8.934	.131	.990	-68.407	.000
x	.770	.031		24.535	.000

其中 $R = 0.99$，表明拟合程度较好。

因为有 $\ln\alpha = a$，则 $\alpha = e^a = e^{-8.934} = 0.000132$，$\beta = 0.770$。

于是有

$$\frac{D}{V} = 0.000132 \left(\frac{P}{V}\right)^{0.770} \tag{6.14}$$

运用 1999—2018 年共 19 年的数据进行验证，结果见表 6.20 和图 6.28。

表 6.20 重新拟合后的 Smeed 公式数据验证

年份	人口数/车辆数	死亡人数/车辆数（实际值）	死亡人数/车辆数（预测值）	绝对误差	相对误差
1999	22.65396	0.001545	0.00145893	0.00008607	5.90%
2000	21.45805	0.001560	0.00139926	0.00016074	11.49%
2001	18.16686	0.001546	0.00123089	0.00031511	25.60%
2002	15.59727	0.001371	0.00109451	0.00027649	25.26%
2003	13.37871	0.001081	0.00097255	0.00010845	11.15%
2004	12.05581	0.000993	0.00089763	0.00009537	10.63%
2005	9.96053	0.000757	0.00077491	−0.00001791	−2.31%
2006	9.00585	0.000616	0.00071706	−0.00010106	−14.09%
2007	8.26473	0.000511	0.00067118	−0.00016018	−23.87%
2008	7.82528	0.000433	0.00064353	−0.00021053	−32.71%
2009	7.15050	0.000363	0.00060036	−0.00023736	−39.54%
2010	6.47591	0.000315	0.00055626	−0.00024106	−43.34%
2011	5.99385	0.000278	0.00052409	−0.00024656	−47.04%
2012	5.59337	0.000248	0.00049692	−0.00024908	−50.12%
2013	5.34628	0.000230	0.00047993	−0.00024993	−52.08%
2014	5.18866	0.000222	0.00046899	−0.00024699	−52.66%
2015	5.02280	0.000212	0.00045741	−0.00024540	−53.65%
2016	4.68990	0.000214	0.00043388	−0.00021988	−50.68%
2017	4.48413	0.000206	0.00041915	−0.00021343	−50.92%
2018	4.26722	0.000193	0.00040345	−0.00021019	−52.10%

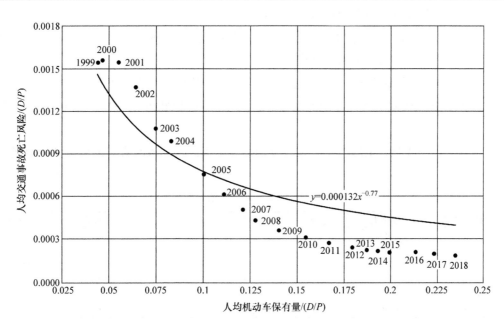

图 6.28 利用中国历史事故数据（1985—1998）修正后的 Smeed 公式及验证（1999—2018）

由上述验证可见，Smeed 能够反映交通事故车均死亡率随机动化程度上升而下降的趋势，但是模型的误差较大，相对误差最大达到了 52.66%；而且在 2005 年以后，验证组数据中车均交通事故死亡率均被高估，且呈现误差越来越大的趋势。分析其原因，Smeed 的自变量太少，仅涉及人口/机动车之比，不能反映各国道路交通系统中经济、地理、气候、道路条件和管理水平对交通事故的影响。其次，国内交通事故死亡人数仅统计事故发生后7天内数据的规定，与Smeed公式中30天的设定不符，造成数据偏低。此外，2004年5月1日《中华人民共和国道路交通安全法》实施，交通事故统计范围有了较大的变化，导致交通事故数据在2005年之前有较大变动。因此，在现有交通事故统计机制下，Smeed模型不适用于中国交通事故的定量预测，但可以用于对未来交通事故趋势进行定性估计。

6.4.2 研究实例2：城市战略交通规划与交通安全

以某市综合交通规划为例，根据政府政策、居民愿望和城市资源条件的要求，提出了城市交通发展战略6种可能的备选方案：

1）延续现有车辆管理政策下，发展公共交通。

2）车辆拥有限制政策，大力发展高可达性、多层次公共交通网络；在地区协调可能的情况下，可以考虑轨道交通承担城市主要交通走廊的交通流。

3）车辆使用限制，重要地区和联系交通以公共交通为主；以高强度的资金投入作为后盾，开放性车辆发展政策，建立区域性快速交通网络；中心区的发展分散，居民出行相对自由。

4）对车辆的发展不加限制，区域交通强调快速公共交通网络，城市内部公共交通较弱，城市中心较为分散，由多个相对较小的中心组成。

5）不对车辆的发展进行限制，区域和城市都以快速道路网络发展为主，城市和区域的公共交通发展都较弱，没有突出的城市中心区。

6）考虑到政策实施的连续和不确定性，以及城市用地开发的特征，近期主要延续现有的交通发展政策，远期考虑对车辆限制的放开，在城市现状的中心区对车辆的使用进行限制。

依据以上6种战略方案的指导思想，分别提出了不同发展战略方案的交通结构组成，见表6.21。

表6.21 不同发展战略交通结构构成

战略选择方案	战略1	战略2	战略3	战略4	战略5	战略6
步行	38%	17%	24%	34%	35%	45%
自行车	22%	27%	22%	22%	22%	10%
摩托车	2%	2%	10%	15%	15%	8%
小汽车	15%	14%	14%	16%	20%	19%
公交	24%	39%	30%	13%	9%	19%
出行合计	100%	100%	100%	100%	100%	100%

以交通事故死亡人数作为评价指标，定义参数 F_{ij}，D_{ij} 和 E_{ij}，其中：

$i = 0, 1, \cdots, N$；$j = 1, 2, \cdots, N$；N 为所有交通方式数目；F_{ij} 为方式 i 和方式 j 之间发生交通事故时方式 i 的死亡人数；F_{ji} 为方式 i 和方式 j 之间发生交通事故时方式 j 的死亡人数；当 $i = j$ 时，F_{ij} 为同类交通方式之间发生交通事故的死亡人数；当 $j = 0$ 时，F_{i0} 为交通方式 i 发生的单方交通事故死亡人数；D_{ij} 为不同交通方式之间相遇后造成人员死亡的概率；E_{ij}

为不同交通方式之间的交通暴露（Exposure），E_i、E_j 分别为交通方式 i 和 j 的出行次数。

$$E_{ij} = \sqrt{E_i E_j} \tag{6.15}$$

并且有：

$$F_{ij} = D_{ij} \times E_{ij} \tag{6.16}$$

从而得到安全性评估指标 F 为：

$$F = \sum_{i=0}^{N} \sum_{j=1}^{N} F_{ij} = \sum_{i=0}^{N} \sum_{j=1}^{N} D_{ij} \times \sqrt{E_i E_j} \tag{6.17}$$

首先根据现有数据估算 D_{ij}。由该市城区现状按交通方式统计的事故死亡人数得到以下矩阵：

$$[F_{ij}] = \begin{bmatrix} 0 & 0 & 0 & 11 & 83 & 12 & 34 \\ 0 & 0 & 0 & 1 & 41 & 12 & 25 \\ 10 & 0 & 2 & 1 & 15 & 4 & 13 \\ 16 & 0 & 0 & 1 & 3 & 1 & 8 \\ 2 & 0 & 1 & 0 & 0 & 0 & 1 \\ 3 & 0 & 0 & 0 & 3 & 1 & 3 \end{bmatrix} \tag{6.18}$$

其中 $i = 0, 1, \cdots, 6$；$j = 1, 2, \cdots, 6$；0，1，2，3，4，5，6 分别对应步行、非机动车、摩托车、小客车、公共汽车和货运交通 6 种不同交通方式。

并根据式 6.16，由不同交通方式出行次数和比例得到交通暴露矩阵：

$$[E_{ij}] = \begin{bmatrix} 0 & 43.89 & 17.15 & 17.53 & 9.06 & 6.31 & 6.07 \\ 43.89 & 43.89 & 27.44 & 27.73 & 19.94 & 16.64 & 16.32 \\ 17.15 & 27.44 & 17.15 & 17.34 & 12.46 & 10.40 & 10.20 \\ 17.53 & 27.73 & 17.34 & 17.53 & 12.60 & 10.51 & 10.31 \\ 9.06 & 19.94 & 12.46 & 12.60 & 9.06 & 7.56 & 7.41 \\ 6.31 & 16.64 & 10.40 & 10.51 & 7.56 & 6.31 & 6.19 \end{bmatrix} \tag{6.19}$$

由式 6.17 计算出不同交通方式之间相遇后人员死亡的概率：

$$[D_{ij}] = \begin{bmatrix} 0 & 0 & 0 & 0.40 & 4.16 & 0.72 & 2.08 \\ 0 & 0 & 0 & 0.06 & 3.29 & 1.15 & 2.45 \\ 0.57 & 0.00 & 0.12 & 0.06 & 1.19 & 0.38 & 1.26 \\ 1.77 & 0.00 & 0.00 & 0.08 & 0.33 & 0.13 & 1.08 \\ 0.32 & 0.00 & 0.10 & 0.00 & 0.00 & 0.00 & 0.16 \\ 0.49 & 0.00 & 0.00 & 0.00 & 0.40 & 0.16 & 0.49 \end{bmatrix} \tag{6.20}$$

其次，根据不同城市发展战略方案的交通出行次数和结构，得到 6 个不同方案的交通事故暴露矩阵，再根据式 6.18 计算出不同战略方案下基于事故死亡人数的安全性评价指标矩阵 $[F_{ij}]$，并最终计算出评价指标 F。最终计算结果为：$[F_1\ F_2\ F_3\ F_4\ F_5\ F_6] = [330, 213, 296, 448, 546, 465]$，如图 6.29 所示。

可见，采用车辆拥有限制政策，大力发公共交通网络的方案 2 交通安全性最好，而对车

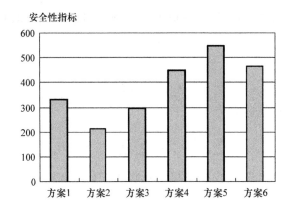

图 6.29　城市发展不同战略方案的交通安全性评估

辆发展不加限制,以快速道路网络发展为主,公共交通发展较弱,没有突出城市中心区的方案 5 其交通安全性最差。

本章参考文献

[1] GÖRAN N. Traffic Safety Dimensions and the Power Model to Describe the Effect of Speed on Safety [R]. Lund Institute of Technology, Department of Technology and Society.

[2] J. M. 汤姆逊. 城市布局与交通规划 [M]. 北京:建筑工业出版社,1982.

[3] 王岩,杨晓光. 主动道路交通安全规划体系 [J]. 系统工程,2006 (1):38-41.

[4] 唐铮铮,张铁军,何勇,等. 道路交通安全评价 [M]. 北京:人民交通出版社,2008.

[5] 何勇,唐铮铮. 道路交通安全技术 [M]. 北京:人民交通出版社,2008.

[6] 王彦亭,等. 我国道路交通安全发展情形分析 [J]. 中国安全科学学报,2005 (1):46.

[7] 尹红亮,等. 道路交通事故成因的新思考 [J]. 公路交通科技,2000 (8):60-63.

[8] TON H. Land use planning in safer transportation network planning [R], SWOV Publication D-2001-12.

[9] LEUR P. Improved approaches to manage road safety infrastructure [D], The University of British Columbia, 2001.

[10] 郭忠印,方守恩. 道路安全工程 [M]. 北京:人民交通出版社,2003.

[11] 裴玉龙,马骥. 道路交通事故道路条件成因分析及预防对策研究 [J]. 中国公路学报,2003,16 (4):78-81.

[12] 陈永胜,刘小明. 道路安全设计理论体系回顾与展望 [J]. 北京工业大学学报,2001 (3):1-3.

[13] 蔡军. 交通事故发生规律与城市道路系统的规划设计研究 [J]. 中国安全科学学报,2005 (4):16-20.

[14] 廖传锦,秦小虎,等. 以人为中心的汽车主动安全技术综述 [J]. 计算机仿真,2004 (9):153-156.

[15] OGDEN. The effects of different forms of urban growth on travel patterns [A]. 5th conference of ARRB, 1970.

[16] 裴玉龙. 道路交通安全 [M]. 北京:人民交通出版社,2004.

[17] JOHN G U Adams. Smeed's Law: some further thought [J]. Traffic Engineering & Control. 1987 (2): 35-37.

[18] GB 50220-95. 城市道路交通规划设计规范（S）. 北京：中国标准出版社.

[19] JACOBSEN P L. Safety in numbers: more walkers and bicyclists, safer walking and bicycling [J]. Injury Prevention 2003 (9): 205-209.

[20] 蔡军. 城市路网结构体系规划 [M]. 北京：中国建筑工业出版社，2008.

[21] 陈小鸿. 城市客运交通系统 [M]. 上海：同济大学出版社，2008.

[22] 黄建中. 我国特大城市用地发展与客运交通模式研究 [D]. 上海：同济大学，2003.

[23] 石京. 城市道路交通规划与运用 [M]. 北京：人民交通出版社，2006.

[24] Michael. D. Mayer，等. 城市交通规划 [M]. 北京：中国建筑工业出版社，2008.

[25] 陈小鸿. 上海城市道路分级体系研究 [J]. 城市交通，2004 (2): 18-20.

[26] 徐吉谦. 关于城市道路规划设计几个问题的探讨 [J]. 城市道桥与防洪，2001 (6): 32-35.

[27] 杨晓光. 城市道路网络衔接设计要点及网络功能优化措施 [J]. 道路交通管理，2008 (9): 44-45.

[28] 杨晓光. 城市道路功能定位 [J]. 道路交通管理，2008 (8): 7-9.

[29] MATTHIJS J A. Prediction of traffic fatalities and prospects for mobility becoming sustainable - safe [J]. Sadhana Vol. 32, Part 4, August 2007: 15-18.

[30] 杨晓光，白玉，马万经，等. 交通设计 [M]. 北京：人民交通出版社，2010.

第 7 章
结论与展望

7.1 主要结论

本书在总结国内外交通安全相关研究的基础上,基于"主动安全思想",综合利用系统工程、交通工程、交通冲突等理论,以道路交通安全过程为核心,对交叉口交通冲突及其分布规律、交通系统规划与交通安全等问题进行了初步探讨。以下具体介绍研究成果。

(1) 道路交通安全过程研究

本书首先对交通安全的概念进行了界定。通过将主动的思想引入交通安全研究,总结了交通安全的 4E 过程,并对过程中每个阶段的输入输出和影响特性进行了初步讨论。在交通安全 4E 过程的基础上,构建了交通安全过程研究的研究理论体系。

(2) 交叉口交通冲突理论计算模型研究

城市道路交叉口的交通冲突可以分为常规交通冲突和非常规交通冲突两类。在已知交叉口交通冲突点分布以及交通冲突点交通到达规律的情况下,交叉口的常规交通冲突数可以采用理论模型进行预测。通过对无控交叉口交通冲突观察值和模型计算值的验证,证明无控交叉口在交通到达服从泊松分布的前提下,该模型得到的机动车交通冲突理论计算值是实际观察值的无偏估计。

(3) 无控交叉口交通分布与常规交通冲突研究

本书基于交通冲突计算模型,分析了单个无控十字交叉口在不同交通到达条件下的交通冲突变化特性。选取了三种不同形式的小型无控路网,采用 UE 分配方法和交通冲突计算模型,得出了不同路网形式在不同 OD 下的交通走行时间及交通冲突的变化规律。

(4) 交通系统规划阶段的交通安全问题研究

本书对宏观交通安全中的事故、暴露与风险进行了界定,并依据交通安全 4E 过程理论,提出了宏观交通安全的四维描述方法。此外,应用主动安全思想,构筑了规划阶段交通安全研究的框架,提出了主动交通安全相关的规划 - 设计推荐流程。最后,对城市总体规划、土地利用规划、交通战略规划、交通枢纽、道路网络规划与交通安全的关系进行了初步讨论,并给出了两个研究实例。

7.2 研究展望

本书在交通安全基础理论方面进行了一些初步的研究和探索。但由于问题复杂、作者学识有限,还有大量内容有待于进一步深入研究。

(1) 交通安全过程理论体系的完善

本书初步构筑了交通安全 4E 过程的研究理论体系框架。然而,无论是方法层、技术层还是理论层,均存在着进一步完善的可能性。特别是随着对交通安全认识的逐步深化以及各种先进研究手段的引入,该框架体系必将得到逐步补充和完善,最终成为交通安全研究领域中的有力支撑。

(2) 交通冲突理论计算模型的研究

以往的交通冲突均是通过实地观测得到。按照"主动安全"的思想,事先对交通冲突的发生规律进行预测才是最理想的。本书仅就无控交叉口在满足泊松分布到达的情况下,对机动车的常规冲突计算模型进行了研究。还应研究各种交通到达条件,在各类交通设计和控制方式(优先控制、信号控制、环形交叉口等)下,各类交通冲突(含机动车-机动车冲突、机动车-非机动车冲突,机动车-行人冲突)的预测和优化问题。

(3) 交通冲突向严重交通冲突和交通事故转化的规律研究

交通冲突并不能直接代表交通事故。二者之间存在着某种代换关系。由于人在面临交通冲突时的避险行为,交通冲突会向严重冲突、非严重冲突和交通事故转化。国内外已有的研究表明,严重交通冲突与交通事故期望之间呈现强线性关系。因此,研究理论交通冲突向严重交通冲突转化的影响因素和规律,是实现交通安全设计、控制和交通安全评价必不可少的阶段。

(4) 规划阶段交通安全的优化和评价

目前的城市规划和交通规划,对于交通问题更多考虑的是如何缓解供需矛盾,消除交通拥挤,提高城市畅通水平,对于交通安全仍然缺乏必要的重视。在我国现阶段,如何将道路交通安全规划的内容、要求整合到城市规划和交通规划的流程中,并平衡城市机动化需求和交通安全之间的关系,仍然需要通过具体的规划实践进行进一步研究。此外,应完善规划阶段的交通安全评估模型,以便建立实用的规划导则和评价体系。